酷特智能鸟瞰全景

新动能治理工程研究院研发大楼

数据智能终端

云端数据交互

智能场内物流

酷 特 智 能

酷特智能

数字化材料仓储

智能化剪裁设备

客户个性化刺绣

智造工厂产线

数据治理动态图

D—A—T—A GOVERNANCE

The New Species Practice
of Management Evolution in KUTESMART

数据治理

酷特智能管理演化新物种的实践

孙新波 李金柱 著

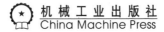
机械工业出版社
China Machine Press

图书在版编目（CIP）数据

数据治理：酷特智能管理演化新物种的实践 / 孙新波，李金柱著. —北京：机械工业出版社，2020.5

ISBN 978-7-111-65323-3

I. 数… II. ①孙… ②李… III. 数据处理 – 应用 – 企业管理 IV. F272.7

中国版本图书馆 CIP 数据核字（2020）第 060925 号

今天，数据早已成为一种重要的可配置资源，酷特仅仅是在正确的时间，将正确的数据以正确的方式传递给正确的人和机器，从而将数据的自流动特征变现。

面对不确定性带来的诸多挑战，酷特的数据治理为智能时代提供了创新的全球治理方案，重构了智能时代的全球化观念，本书称之为"数据智能全球观"，即全球视野、全球协同和全球治理的创新共同体。在技术创新和人文经典的共同滋养下，理应鼓励数据这种新生产要素在全球范围内有序、合法地流动，培育数据新兴产业，促进全球数据治理的规范、协同和自律发展，从而建立共建、共治、共享的治理新格局。

做企业究竟为了什么？这是需要人类共同回答的根本问题。希望本书的出版，能够尝试给出一种答案，哪怕是参考答案。

数据治理：酷特智能管理演化新物种的实践

出版发行：机械工业出版社（北京市西城区百万庄大街22号 邮政编码：100037）	
责任编辑：程天祥	责任校对：殷 虹
印　　刷：大厂回族自治县益利印刷有限公司	版　　次：2020年5月第1版第1次印刷
开　　本：170mm×230mm　1/16	印　　张：12.5
书　　号：ISBN 978-7-111-65323-3	定　　价：59.00元

客服热线：（010）88361066　88379833　68326294　　投稿热线：（010）88379007
购书热线：www.hzbook.com　　读者信箱：hzjg@hzbook.com

版权所有·侵权必究
封底无防伪标均为盗版
本书法律顾问：北京大成律师事务所　韩光 / 邹晓东

前　言

2019年10月10日上午，当我第二次访谈酷特智能张代理董事长时，他提了一个终极问题："做企业究竟为了什么？"尽管这个问题并不陌生，但再次引发了我的深度思考。"作为人，何为正确？"这是稻盛和夫先生的终极追问，正是对这一追问的持续性回答，成就了稻盛和夫与京瓷、KDDI两家世界500强企业。这一追问后来还成就了新日航、盛和塾，最终成就了稻盛哲学。北京大学陈春花教授在2019年首届"管理哲学、研究方法与中国管理实践"学术研讨会上介绍了腾讯公司"科技向善"新企业宗旨的生成过程，其实，它们背后的道理是相通的。2019年6月，我带领团队调研韩都衣舍时曾问贾鹏副总："韩都衣舍的灵魂是什么？"2019年10月18日在宁夏天华正业通会计师事务所30周年纪念大会上，我也曾问过王海智董事长同样的问题："天华正业通的灵魂是什么？"2019年8月19日，181位CEO在美国企业家圆桌会议上将企业宗旨重新定义为："为客户提供价值，投资员工，为股东创造长期价值，服务于所有的美国人"……为什么"企业的灵魂是什么""做企业究竟为了什么"这样的问题在今天被反复提到？在我看来，这个问题对大多数公司而言，或者根本想不到，或者根本没有思考过，或者还没有找到答案，或者正在求索的路上，但是在酷特智能，张代理董事长及公司可能已经有了答案，这个答案就是"源点论和数据治理"。

张代理凭借多年丰富的管理实践经验，从需求源点出发，融合东西方经典管理哲学与思想，围绕企业经营本质、发展导向、管理理念和驱动因素等一系列决定企业发展轨迹的议题，融会贯通"道"与"术"的治理思想，形成源点论。张代理的源点论思想体系以"源"为核心，强调思想指引与管理实践的融合，诉求"思知行一"的"从无到有"的整体生成，其本质是对企业外部环境依存性、客观历史条件制约性和内部实践能动性的整合，是从思想源头对现有管理理论和实践的重塑。酷特智能的源点论追求全员对应目标，倡导人与自然（组织）的和谐统一，从而实现员工与企业的高效协同，进而最大限度地满足用户需求，实现企业目标并产生价值。其核心价值观激发了员工由内到外的主观能动性，重塑了生产力与生产关系的关系，颠覆了零和博弈并塑造了多方共赢共生——源点论是张代理不断实践孕育而出的经营"正道"。

席酉民教授认为："面对当前的世界环境、中国情境和丰富实践，我们应该进入一个需要管理理论和实践深耕的时代。"我们确实到了需要深耕的时代，这不仅仅是挑战，更是机会。这种深耕的视野必然是全球化的，结果必然是引领性的，逻辑必然是整合型的，过程必然是苦难式的。这种深耕的起点就是从"互联网+"到"智能+"乃至于"数字化+"时代的网络治理。人类正在走向一个无边界的数字网络时代，人类不得不关注全球数字治理问题，不得不研究全球数字公民问题，不得不探索全球数字时代的国家治理问题，席酉民如是说。而酷特智能基于源点论的数据治理从实践角度给出了企业的回答。它是怎样回答的呢？

几百年来，制造业追求的高效率、高质量和低成本一直没有变化，但是实现这些不变追求的手段在智能制造情境下发生了根本变化：阿里研究院认为数据驱动、软件定义、平台支撑、服务增值和智能主导构成了制造业新体系。这一变化的背后是环境的快速变化和个性化消费浪潮兴起导致的定制化需求，这种需求在酷特智能就是源点论的原点。定制化需求带来了制造系统复杂性的指数级增长——定制需求是多元需求的开始，定制看似简单，实则多元，对传统的质量、成本和效率体系提出了更高的要求，企业必须面对多元化需求下的降低成本、提高效率和保证质量。围绕这不变的追求，着力于满足个性需求，酷特智能从源点论出发，经历供应链及流程变革、工艺数字化优化与改进、工序柔性化智能排产、生产过程的穹顶曲线化、细胞核自组织模式创新、长期主义的 C2M 模式、SDE[○]的推广应用，实现了成己成人、普惠世界的数据智能治理新体系。

酷特智能的数据治理针对不确定时代的多元挑战，利用数据的自流动特性，化不确定为确定，回答了智能时代企业不变的本质问题："如何优化资源配置效率"。按照科斯的观点，企业是通过对资本、人才、设备、土地、技术和市场等各种资源进行有效配置以满足需求的一种组织。今天，数据早已成为一种重要的可配置资源，酷特仅仅是在正确的时间，将正确的数据以正确的方式传递给正确的人和机器，从而将数据的自流动特征变现。

我们期待在构建人类命运共同体、促进经济全球化及未来全球治理中共创共享有关数据和智能治理的真知灼见。酷特智能坚守的 C2M 商业模式必将在消费者和供给侧之间架起数字化能力迁移之桥，必能探索数字化全面转型之路。

㊀ 即"源点论数据工程"（Source Data Engineering, SDE）。

酷特智能的数据治理为智能时代提供了创新的全球治理方案，重构了智能时代的全球化观念，本书称之为"数据智能全球观"，它是全球视野、全球协同和全球治理的创新共同体。在技术创新和人文经典的共同滋养下，虽然目前数据智能全球观尚处于数据治理的探索阶段，但数据已经成为一种生产要素，理应鼓励数据在全球范围内有序合法流动，努力培育数据新兴产业，促进全球数据治理的规范、协同和自律发展，从而建立共建、共治、共享的治理新格局。

1609年，伽利略使用一架望远镜观察月亮。有人认为，自这一刻起，人类生活中的不可能变成可能。英国科学专栏作家布赖恩·阿普尔亚德据此将科学划分为伽利略之前的科学（或称为"智慧"）和从1609年开始的现代科学，他认为前者是建立在推理基础上的，后者是建立在观察和实验基础上的。自此开始的四百多年，科学世界一直飞速发展，从农业革命到工业革命，再到信息革命，人类在改造自然的同时也改造了自身，人类似乎找到了通往自由王国的必由之路。但是在数字时代的今天，人类终将开始反思：科学确乎行之有效，可是它带来的风险由谁买单呢？放眼人类发展史，中国的传统从《易经》开始就一直是观察、实践和思辨共生才持续到今的，这又说明了什么呢？

做企业究竟为了什么？这是需要人类共同回答的根本问题。希望本书的出版能够尝试给出一种答案，哪怕是参考答案，使价值和意义丰富若干。在这里，再次感谢朋友们的情谊和建议。

本书付梓时，正值全球抗击新冠病毒疫情的关键时刻，向所有奋战在一线的战士们致敬！

孙新波
2020年3月

目 录

前 言

第 1 章　追溯治理源点 /1

源点论的缘起 /2
思考持续创新 /2
源点论的定义 /3

源点论的实践 /6
用户的个性化参与 /6
组织变革赋能员工 /7
C2M 的商业模式 /8

源点论的发展 /10
学会定义 /11
善于反义 /11
追求正义 /12

源点论的引申 /13
自相似性进化 /13
自适应性进化 /15

第 2 章　运筹组织创新 /17

细胞单元组织的设计 /18
　　细胞单元组织的提出 /18
　　细胞单元组织的运行 /21
　　细胞单元组织的原理 /26

无边界组织模式的运行 /30
　　无边界组织 /30
　　酷特无边界 /32
　　边界的本源 /39
　　新的无边界 /40

网格化组织的诞生 /43
　　打造网格化组织 /44
　　自组织与强组织 /47

水式自我管理的实现 /49
　　水式自我管理的提出 /49
　　水式自我管理的实施 /51
　　水式自我管理的成效 /53

第 3 章　探索数据黑洞 /55

数据网联 /56
　　数据网联内涵 /56
　　数据网联逻辑 /59
　　数据网联思维 /61

数据穿越 /65
　　数据能力探索 /65
　　产业跨界融合 /69

数据共振 /70

共振现象 /70

共振奇迹 /71

量子思维 /74

第 4 章 倾力流程变革 /77

定点突破 /78

流水线起源 /78

大规模定制 /82

价值曲线反转 /86

化整为零 /93

客户需求分解 /93

7 天数字化流程 /95

流程质变 /99

从效率观到效能观 /99

看板管理和可视数据管理 /101

第 5 章 擎架供应网络 /105

从零库存说起 /106

传统供应链管理 /106

库存居高的原因 /109

酷特智能零库存 /112

供应系统的机体链接 /113

系统基本元素摄入 /113

有机体的无缝衔接 /114

酷特智能的供应链管理创新 /117

酷特智能现代供应链 /117

从供应网到供应生态 /120
　　供应生态的价值体现 /123

第 6 章　放射工程热量 /127

源点论数据工程的缘起 /127
　　涅槃重生后的醒悟 /127
　　新管理革命的呼吁 /129
　　源点论数据工程的应运而生 /131

源点论数据工程的实施 /132
　　参观智能工厂，交流定制体验 /133
　　课程专项培训，高层双向沟通 /133
　　现场调研诊断，把脉问题关键 /133
　　设计转型蓝图，改造规划反馈 /134
　　工程实地改造，后续持续跟进 /134

源点论数据工程的热量 /135
　　盈利模式重构 /135
　　组织结构设计 /136
　　生产流程再造 /136
　　转型工具选择 /137
　　管理观念进化 /137

第 7 章　搭建治理平台 /139

需求侧治理 /140
　　用户主权归还 /140
　　赋能用户需求 /142
　　CRM 到 CRG /143

供给侧治理 /145

　　　　合作伙伴及其关系治理 /146

　　　　企业内部组织员工治理 /147

　　业务流程治理 /151

　　　　服装定制业务流程治理 /151

　　　　SDE 转型方案输出治理 /152

　　平台治理 /154

　　　　定义平台治理 /154

　　　　平台如何治理 /155

第 8 章　构建共生系统 /159

　　系统衍生的思维模式 /160

　　　　东方思维与西方思维之比较 /160

　　　　酷特智能的东西方思维 /162

　　　　酷特智能中西合璧之式盘 /167

　　系统衍生的行为模式 /168

　　　　传统行业发展的痛点 /168

　　　　酷特智能的平台战略 /170

　　商业生态系统的形成 /176

　　　　生态系统的商业解释 /176

　　　　商业生态的共生逻辑 /177

　　　　构建数据商业生态系统 /179

　　对世界文明进步的一点启示 /180

后记 /183

第 1 章

追溯治理源点

我们常说"未来已来",却忘了未来一直在来;挑战一直都有,要知道每个时代都有每个时代的光明与黑暗。重要的是,过去已成历史,当下将成定局,文明的每一点进步都有赖于我们对过往的观察和当下的不懈努力。这将给予我们无穷的智慧与无限的勇气去迎接和直面未来,并浓墨重彩地将其描绘在更远未来的画卷中。

大数据时代,科学管理遭遇了诸多挑战:规模化批量生产模式与个性化需求不相匹配,部门林立与层级冗余导致了效率低下,责任不明晰带来了互相推诿,管理不完善以致出现了领导专断……现代企业无所适从,正在呼唤新的治理哲学。酷特智能经过十几年的探索已经走在了时代前列,它的数据治理哲学代表了企业道术合一的广泛实践和深入思考。站在新时代、新起点,酷特智能的治理体系能否引领新的管理文明?带着这个问题,我们一起出发共探究竟。

数据治理：酷特智能管理演化新物种的实践

源点论的缘起

思考持续创新

源点论是酷特智能对创新始终如一追求的结果，是在不断的变革和创新中对道与术、变与不变规律深入思考的结果。酷特智能创始人张代理在进入服装制造行业前是一名木匠，臻于技术的至真至善进而为顾客打造至美的产品是其毕生的追求。即便是后来成为一名裁缝，他也始终保持对技术创新的偏好和关注数据的习惯，并将木匠的标准化、系统化意识与精益求精的追求融入服装剪裁和制作的全过程。传统的量体裁衣方法不能快速有效地适应越来越多的个性化需求，张代理经过多次尝试和探索，开创了"三点一线"坐标量体法：用"肩端点、肩颈点、颈端点"作为测量身体数据的坐标点，在中腰上扎一条水平线，只需要5分钟就可以测量人体19个部位的数据，从而获得服装设计的22个关键尺寸，这极大提高了量体的效率和数据的准确性。从木匠到裁缝，张代理始终坚信持续的技术追求能够借助精确的数据将产品更加完美地呈现给消费者。这份对技术创新的偏执追求、对精准数据的长期信仰，在酷特智能实现大规模流水线定制转型过程中起到了独一无二的作用。

20世纪80年代，苦于国内服装制造行业惨烈的市场竞争，张代理陷入了沉思：中国服装制造业的未来在哪里？为了寻求答案，张代理多次赴德国、英国、法国、韩国和日本深度考察，探求中国服装制造企业转型的出路。过程中，宝马的先进技术、韩日的高效流水线、法国和意大利的高端品牌都给他留下了极其深刻的印象。在一次次叩击灵魂的发问后，张代理逐渐领悟了服装制造的道与术：从古至今，服装保暖和修饰的功能一直都没有变，也就是消费者对服装的本质需求一直没有变，这是服装制造的"道"；时至今日，基于大众对服装美化功能越发高涨的诉求，服装的款式、材料、生产技术等都在不断变化，以更好地满足消费者的需求，这是服装制造的"术"。

正是基于对服装制造的道与术二者之间动态平衡的认知，酷特智能始终从满足用户基本需求出发来实现企业的目标和价值，这是张代理领悟的企业生存之道；时刻追随时代步伐，利用世界上最先进的技术革新服装设计、制造和销售，不断提高企业的广义利润，这是张代理领会的企业生存之术。正是在长期的对位性交互创新实践中，"源点论"思想逐渐生成，进而在酷特智能的发展过程中生根、发芽、开花、结果。

源点论的定义

酷特智能将源点论界定为：企业所有的治理行为都以需求为源点，以需求驱动并整合价值链资源，通过最大限度地满足用户需求来实现企业的目标和价值。狭义理解源点论，在战略上是愿景，在战术上是需求，直接表述是利润。正如松下幸之助所言："赚钱不应是公司贪婪的反映，而是社会珍视公司的贡献所投的信任票。如果一家公司没有赚钱，它就该垮台，因为它对社会毫无用处。对于经营失败的分部，公司不应采取慈父般的态度对待它们，也不应给它们补贴。"企业存在的根本目的是为社会创造价值，这种价值的社会认同在企业中的直接体现就是利润的产生，这既是企业生存发展的核心要义，又是引领企业持续创新的战略根本。为了更有效地创造更高的社会价值，企业需要颠覆式的创新，从而"使那些尚未存在但合理的东西存在"。

在酷特智能的源点论中，**企业价值创造面向的是用户需求、员工需求和企业需求的统一体。**

- 员工用户化与用户员工化的角色混合和企业边界的模糊使企业在价值创造的过程中不仅要听到用户的声音，还要听到员工的声音。
- 员工同样面临生存和发展的需求，员工对自我价值实现的追求更是其潜能释放的关键，企业在与员工共同创造价值的过程中要给予员工充分的人性关怀。
- 企业是利益相关者的关系整合体，除用户和员工外，价值创造过程同样要兼顾其他利益相关者的需求（见图1-1）。

图1-1 酷特智能"源点论"的基本内涵

总之，酷特智能源点论追求的是对人性的关怀与解放，让员工与用户在价值追求、价值创造和共享的过程中结成统一的协同整体，彼此尊重、彼此满足、彼此成就并共同进化。为了尊重并释放用户的人性，企业有必要为用户提供参与产品生产全流程的机会和渠道，让用户选择自己偏好的产品内容，满足其需求。为了尊重并释放员工的人性，企业有必要不断进行技术创新以提高劳动生产率，从而将员工从繁杂的工作中解放出来，使其可以更快乐地生产和生活。为了尊重企业利益相关者的需求，企业有必要创新商业模式，设定公平公正的利润分配机制。源点论强调企业及企业家的奉献与自觉行为——企业家肩负着企业治理的兴衰，肩负着企业治理文明进步的重大使命。

酷特智能的源点论也是对中国传统"中庸"思想的诠释。"中也者，天下之大本也；和也者，天下之达道也。"中道、中庸、中和、允执厥中和执两用中等概念，构成了中华优秀文化的核心范畴，并在世代传承中塑造了中国人富于中性智慧的世界观、人生观和价值观。酷特智能在长期的转型中一直秉承着中庸思维，在发展中不断寻求新突破，不断打破常规并保持螺旋式前进。酷特智能对员工和企业义利平衡的追求、对消费者需求和企业能力平衡的追求，以及对合作伙伴和企业利益平衡的追求，都是希望实现企业间、企业各部门的共生共赢！这就是中庸思想在酷特智能的具体应用。

（1）对员工和企业义利平衡的追求。酷特智能通过组织体系变革，将员工和企业打造成利益共同体、事业共同体和命运共同体。酷特智能秉持"不管便是最大的关怀"的治理理念，引导员工组成家庭式细胞单元组织，提高员工的主人翁意识，顺应天道，还原人性，充分释放员工的主观能动性，从而实现全员对应目标、目标对应全员，高效协同地满足用户需求，真正做到所有者和经营者的义利统一。

（2）对消费者需求和企业能力平衡的追求。酷特智能专注于消费者需求，还原消费者主权，满足消费者诉求。酷特智能用消费者的需求数据驱动整个供应链的资源整合，借由互联网数据驱动流程、资源和生产，在实现大规模生产的规范化、标准化、体系化、数字化和平台化的同时满足消费者的个性化定制需求。

（3）对合作伙伴和企业利益平衡的追求。张代理认为："我们不主张零和博弈，零和博弈是我赢你输；我们主张的是共同价值——我们没增加人，只是改变了机制，效率至少提高了25%，这就是多元共生的价值，一个共同的价值。"酷特智能致力于颠覆零和博弈，打造一个价值共创、共生、多赢的良性生态系统，与供应链上的众多合作商一同打造高效、节能、环保的供应链体系。通过整个供应链的资源整合，酷特智能缩短了对需求的响应延迟，减少了资源的浪费，实现了以柔性研发和排程为核心的柔性供应链；通过研发调度和指挥调度的柔性，酷特智能实现了生产和管理的柔性，跨越了时空的界限。

源点论的实践

用户的个性化参与

用户的个性化参与是酷特智能面向用户需求进行价值创造的诠释及实现路径。随着物质生活水平的提高和互联网信息技术的发展，用户的需求越发个性化，对产品全流程参与的欲望空前强烈。为了充分满足用户的定制化需求，酷特智能建设了线上和线下多交流渠道，以快速精准地获得用户的个性化需求数据，并且为用户提供统一标识码，使其可以实时参与酷特智能的产品研发设计、生产制造、物流跟踪等关键服务环节。

借助线上渠道，用户可以通过酷特智能提供的 PC 和移动 App 等入口实现对产品的全流程参与。基于"三点一线"量体法，用户可以选择线下面对面服务或参照"量体指导视频"自我测量全身19个部位的22个关键数据，进而对服装的工艺、款式、领型、袖型、面料、刺绣和尺寸等个性化设计元素进行自由选择或组合，也可以对款式自行设计。在线自主设计真正突破了时间、空间和语言的限制，满足了用户的个性化需求，真正实现了全球用户的 DIY（Do it yourself）设计。用户付款后，系统会为用户提供订单在酷特智能系统生成的标识码，供用户实时了解和关注产品后续的生产、包装和运输等关键服务环节。借助线下渠道，用户可以到实体门店享受一对一的尺寸测量和服装设计等个性化定制服务，当然也可以直接选定陈列的服装产品。

组织变革赋能员工

对组织进行变革以实现对员工的赋能，让员工更加幸福快乐是酷特智能面向员工需求进行价值创造的诠释和实现路径。任何组织变革都来自并服务于需求。酷特智能的组织变革同样是基于需求，而且是对用户需求的固本清源，对员工人性的深刻理解和长远洞见。酷特智能通过不断地实施组织体系变革验证了组织无边界对其目标达成的积极作用。

传统企业受管理层次和管理幅度的影响，员工之间、员工与领导之间、部门之间的约束较多，信息传递慢、信息失真和利益冲突等问题突出，导致组织运行效率低下。在这样的背景下，员工的自主性和创造性难以充分发挥。

酷特智能基于数据治理的哲学思想，通过长期的组织变革探索，逐步形成了家庭式细胞单元的组织模式。家庭式细胞单元去除了传统企业上下层级间的边界，向下实现了对员工的赋能，在组织中推行自治理念，让员工自动、自发、自驱动，以此提高员工的积极性、主动性、归属感和成就感。家庭式细胞单元去除了传统企业水平部门间的边界，横向实现了对企业成员的赋能，在组织中推行"自组织"理念，让员工根据需求自主组织内部资源。通过无领导、无管理、无边界的组织变革，酷特智能在生产经营中省去了大量的审批工作环节，消除了严重的信息传输延迟，提高了组织的运行效率并降低了运行成本。组织单元的细胞之间目标一致、利益相容、精诚合作、高效协同，具有生命体特征的细胞单元组织则优胜劣汰、自进化、自修复，在替换与更新中实现组织的不断演化。

C2M 的商业模式

实现 C2M（Customer-to-Manufacturer）商业模式是酷特智能面向企业利益相关者的需求进行价值创造的诠释和实现路径。酷特智能认为，只有去除渠道商和中间商等代理环节，才能直面用户需求，实现"过顶传球"，实现用户需求直接对接制造，制造产品和服务直接对接用户。消除因中间环节冗余造成的成本增加，既可以降低用户的支付价格，制造端也能够获得更高的利润回报。在协同供应系统中，统一的标准化技术将用户需求数据进行标准化转化，使之能够跨系统、跨平台交互，实时驱动包括供应商、生产商和服务商在内的整个供应系统的资源、能力的协同整合，进而有效满足用户的服装定制需求。

酷特智能 C2M 商业模式的实现是对当前经营理念的颠覆，当然也得益于互联网信息技术、物联网、智能化技术的发展。首先，供应端的不同供应主体自建系统，这固然便于独立系统的信息、数据的有效存取和维护，但由于数据结构的设定、系统语言使用的差异等，供应系统间往往互不相通，造成企业间信息交互的时间和经济成本较高。酷特智能C2M平台化商业生态系统的搭建实现了跨行业、跨企业的多系统协同，让多系统的供应生态能够更加实时有效地交互。其次，物联网技术让具有空间布局特征的供给资源能够映射到供应系统中，实时对用户需求进行响应，进而驱动线下资源和能力的高效调配。最后，智能化设备的应用使得很多复杂的工作由机器实现，员工做人类擅长的创意性工作，机器负责重复性和流程性的工作。

在数据治理哲学的指引下，通过用户的全程参与、家庭式细胞单元的组织变革和C2M商业模式的创新实践，员工的整体工资水平与幸福指数大大跃升，酷特智能的品牌价值与资源整合能力得到提高，产品库存与获客成本随之降低，用户的个性化需求与消费体验得到了增强（见表1-1），真正实现了企业、员工与用户的多赢共生。

表 1-1 酷特智能的比较优势

维度	传统管理模式	家庭式细胞单元的组织模式
规律	违背	顺应
人性	压制	解放
发展	阻碍	推动
效率	低	高
生命力	弱	强
协同度	低	高
风险控制	弱	强
竞争力	弱	强

(续)

维度	传统管理模式	家庭式细胞单元的组织模式
主动性	弱	强
普适性	弱	强
利润率	低	高
资金周转率	低	高
在库量	高	负
性价比	低	高
成本	高	低
投入产出比	低	高
员工幸福指数	低	高
员工工资	低	高
工作效率	低	高
人才吸引	弱	强
关注点	当下	未来
品牌价值	低	高
成长方式	被动	自进化
客户体验	一般	优
客户黏性	小	大
产品优势	小	大
资源整合	低	高
市场空间	小	大
决策方式	从上至下	数据驱动

源点论的发展

在互联网、大数据的环境下，酷特智能基于源点论哲学思想，颠覆了传统的管理范式与惯例。酷特智能的创新可以概括为学会定义、善于反义和追求正义。①

学会定义

数据时代，企业的边界在哪里？科技如何才能向善？制造转型及组织变革的出路在哪里？人性假设到底是什么？在企业中人本主义到底要如何落实……传统的管理理论在面对这些问题时往往捉襟见肘，而在第四次工业革命背景下，这些问题都将得到重新定义。

"管理不是一成不变的，相反，管理是善变的、权变的。管理的本源就是一个动态的发展过程……静态的管理是瞬时的，动态的管理是永恒的。"② 管理专家和实践者都认同：高度不确定的经营环境要求企业时刻保持创新的动力，时刻对未知保持高度警惕。然而，企业经营是不是真的需要战战兢兢，企业真的有能力对每个变化都做出恰如其分的反应吗？有没有可能存在某些规律，可以帮助企业在管理上以不变应万变？对此，酷特智能在转型的探索过程中始终相信管理有道，管理的道在于人性，管理不变的是要实现人性的皈依和人性光辉的释放。数据治理哲学就是酷特智能遵循人性、善用技术的独特定义。

善于反义

善于反义指善于反思、相反相成和返本复初的循环往复的过程。善

---
①② 孙新波. 管理哲学[M]. 北京：机械工业出版社，2018.

于反义是一种逆向思维和逆向行为。㊀酷特智能数据治理哲学的发展和完善就是对"反义"的追求；具体而言，是对主流管理范式的反思及对自我不断否定的过程。

- 酷特智能转型之初选择走大规模流水线定制的模式，是基于对大规模制造竞争的忧思，是基于对未来定制趋势的深刻洞见，是对现实经营环境和生产模式的求反。
- 酷特智能对网格型组织的变革实践是对传统金字塔形层级组织高耗低效的求反，是对员工的社会人假设与现实矛盾的求反。
- 酷特智能对治理的追求是对管理无效的求反，是在经营中重申人本主义：员工需要的不是管理，而是赋能；员工不仅要在工作中发挥才能，更要增长才干；要有比过去任何时候都多的成就感、获得感和幸福感。产品研发设计要更加贴近用户的需求，产品生产制造过程要更加绿色、环保、高效，产品运输要更加快捷、安全……这些都是酷特智能针对现实管理矛盾的超越追求。

追求正义

数据治理哲学的精髓在于追求天道、地道与人道的统一。天道者，规律也；地道者，机巧也；人道者，人性也。遵循规律，运用时代最新技术对制造和管理赋能，最终实现人性光辉的释放是酷特智能转型升级和组织变革的逻辑。"义谓天下合宜之理，道谓天下通行之路"㊁，数据治

㊀ 孙新波. 管理哲学［M］. 北京：机械工业出版社，2018.
㊁ 语出汉代大儒董仲舒。

理哲学一以贯之的是对正义的追求，就是要在企业经营管理的天地人三道合一中坚守正确的义利观。企业只有树立正确的义利观，践行义利的动态平衡，才能实现义利合一、德得相通。

习近平主席在"倡导合作发展理念，在国际关系中践行正确义利观"的演讲中提到"国不以利为利，以义为利也"。企业经营同样需要正确的义利观。酷特智能认为，企业经营不仅要关注利益相关者的利关系，也要关注利益相关者的义关系，这要求企业将义和利视为统一体并融入企业的制度设定中，摒弃零和博弈的思维，让员工的个人目标与企业的整体目标在义利的层面上达成一致，实现企业与员工和社会的共赢。

源点论的引申

自相似性进化

自相似性是指在复杂系统中总体与部分呈现出的相似性。自利兰（Leland）等人首次发现网络流的自相似性现象（无论网络的拓扑结构和业务怎样变化，网络流量都能被检测到自相似的特性）后，对其他很多领域的研究也发现系统中的部分总是与总体存在相似性。酷特智能源点论中同样存在部分与总体的相似性，主要体现在思维自相似性、目标自相似性和行为自相似性三个方面。在思维自相似性下，企业和成员的目标会趋于自相似，最终通过行为的自相似实现部分自利与总体利他的进化（如图1-2所示）。

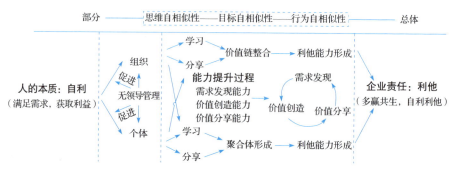

图 1-2　酷特智能内部自相似性进化逻辑

首先，酷特智能设定了具有引领型企业的情怀与担当的企业文化，即要为人类文明的点滴进步贡献力量，这种文化在组织中浸润开来感召员工，使之产生极高层次的人生追求和极强的自我责任感。从事崇高事业的员工会自然而然地获得更高的成就感和满足感，进而在思维层面渐渐与企业达成强烈的自相似性趋同，从而与企业在思维上保持同步进化。

其次，基于共同的理想追求和发展担当的思维自相似性，酷特智能实施了无领导的家庭式细胞单元的组织模式变革，允许组织成员根据自己的喜好自由地组成细胞单元组织。企业总体目标的达成依赖于细胞单元目标的达成，也就是细胞单元的目标与企业总体目标具有自相似性，目标与企业总体有较大差异甚至相悖的细胞单元会渐渐被企业的价值分享机制淘汰，从而实现细胞单元与企业整体目标的自相似性进化。在细胞单元内部，组织的总体目标与成员的个体目标同样存在自相似性。

最后，在目标自相似性的指引下，员工遵循成就整体而自利的逻辑，会自发地在细胞单元内的个体间以及组织内的细胞单元间进行学习和分享，通过提升个体和团体的需求发现能力、价值创造能力与价值分享能力，在需求发现、价值创造和价值分享的循环过程中实现行为的自相似性趋同。同样，当部分与整体的行为存在较大差异甚至相悖时，部分的行为会被淘汰，最终实现整体与其他部分的行为自相似性进化。

自适应性进化

经营环境与企业生存和发展的关系也遵循适者生存的规律：经营环境时刻在发生变化，企业需要面向环境进行自适应性进化。技术的发展和持续进步是永恒的，酷特智能的业务流程优化无时无刻不在紧跟技术进步的步伐。酷特智能通过互联网信息技术建立了用户交互平台、企业治理体系平台和相关利益方的赋能平台，提高了自身对创新驱动的需求表达方式、生产工艺、交易方式、物流方式变化的适应能力。此外，酷特智能在制造转型、组织变革以及转型和变革背后的治理逻辑进化中都展现了极强的自适应性进化能力，而且基于自身的适应性进化引领了其他行业企业的转型。

企业应对经营环境是被动改变与主动适应相协同的进化过程。一个企业要想实现健康可持续的发展，其生态系统必须不断地自我改变以与外在环境达成平衡。酷特智能为适应用户需求的改变，打造了大规模流水线定制的 C2M 商业生态系统，从供应链体系、产品生产线以及企业组织三个方面进行了变革。

- 用户需求数据驱动企业整合供应商、物流商和服务商等资源和能力提供者，优化供应链体系。
- 个性化需求驱动企业优化产品生产线模式，整合大数据和云计算等先进技术，变更和优化生产设备、生产工艺以实现大规模个性化生产。

- 大规模个性化定制模式和新环境往往要求企业组织结构做出相应的调整，打破企业边界，实现信息的高效流通，同时激发主动寻求目标一致的员工组成细胞单元，共创价值，从而实现自身的进化（见图 1-3）。

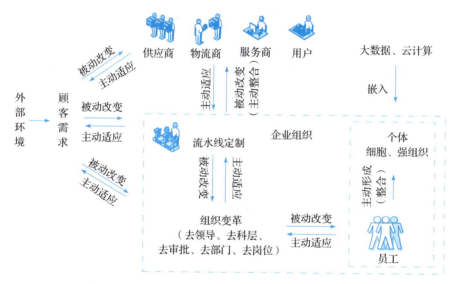

图 1-3　酷特智能 C2M 商业生态系统的自适应性进化

时间的车轮不停，人类的文明不止，企业治理文明的探索同样会一直持续下去。这个时代赋予了每个走在治理文明探索道路上的企业以机遇，同样也期待着每个企业都能够贡献自己之于企业治理文明进步的微薄之力，共同推动文明的诺亚之舟驶向未来。

第 2 章

运筹组织创新

信息技术为企业带来了更好的业绩测量工具，这些改进往往伴随着企业最优组织架构的调整。新熊彼特学派认为，由于新技术改变了原有的生产成本和交易成本，因此必然会导致生产组织形式的变迁。特别是在大数据时代下，大数据技术的普及与应用赋予了组织形态演化的新动力、新形式与新方式。面对无限多元、个性极致、迭代快速的用户需求，制造业企业如何对组织结构进行思考与设计，成为对内提高组织效率、对外增强组织核心竞争力的关键。然而，组织结构的变革不是一蹴而就的，而是在传统组织结构的基础上结合新的情境要素实现的创新。

本章解密酷特智能如何应对企业组织病，还原其组织变革的全貌，解析家庭式细胞单元组织的提出、运行及其原理；探索酷特智能无边界组织的实现、边界的本源、新无边界等；了解酷特智能如何打造网格化组织、自组织和强组织，从而实现组织成员的水式自管理，最终实现多方共创、共享和共赢!

细胞单元组织的设计

细胞单元组织的提出

细胞是生物体结构和功能的基本单位,是最基本的生命系统。由细胞至组织,由组织至器官,由器官(或系统)至个体,由个体组成种群,不同种群组成群落,由群落及其无机环境构成生态系统,最终组成最大的生态系统——生物圈。[1]

人体生命健康与否是由细胞决定的,归根结底,人类的疾病只有一种,那就是细胞病了!不管是一般的感冒,还是像忧郁症那样的精神疾病,或是有生命危险的癌症,所有的病症都是细胞出了故障。[2]

我们回到企业的话题中来,看看企业组织病的病症有哪些。

- 病症1:过程管控难,流程与制度全面,但难以实现有效的执行与控制。
- 病症2:条块分割严重,难以打破部门间壁垒。企业组织整体运作效率偏低,降本增效困难。
- 病症3:部门间各行其是,相互抱怨,工作协同度低,推诿扯皮严重。
- 病症4:流程链过长,信息交互速度慢,客户产品信息不透明不

---

[1] 克拉克. 生物分子与细胞 [M]. 北京:北京师范大学出版社,2010.
[2] 雷蒙德·弗朗西斯,凯斯特·科顿. 选择健康 [M]. 许育琳,译. 北京:电子工业出版社,2005.

准确，导致客户订单延期交付。企业难以快速响应客户需求，难以准时交货。

- 病症 5：信息数据不对称，不能为企业提供决策分析和市场响应的依据。
- 病症 6：组织架构定位偏离，行政管理干预过多，不知道为谁"干"。
- 病症 7：……

为了解决传统企业管理的问题，更好地应对多品种、多批次、小批量、短交期、定制化和更新快的市场需求形态，酷特智能开始试行家庭式细胞单元组织方式。实际上，早在 20 世纪 80 年代，日本早川先生创造性地在索尼公司大范围运行细胞单元生产方式（cell-production）。这种生产方式可以根据工作需要及时做出变更，灵活增减工作单元的数量，是一种像细胞一样自律的工作方式。这种生产方式在索尼成功实施后，引来 NEC、佳龙和松下等企业的效仿。[一][二]1996 年，中国台湾车王汽车服务有限公司率先实行细胞单元式的生产班组制，2001 年该生产方式被复制到大陆的部分工厂。细胞单元生产班组当时是一种比较新颖的生产组织形式，它采用 U 形化的技术，根据加工、制造等工序的需要，把相关设备集中在某一个地点，生产原材料按照一定的顺序逐次经过各个细胞单元生产班组。[三]这种生产班组形式能够节约生产空间，减

[一] 李坤. 索尼·单元制造［EB/OL］.［2011-03-28］. https://wenku.baidu.com/view/3eef21e881c758f5f61f6739.html.

[二] 崔继耀. 单元生产方式［M］. 广州：广东经济出版社，2005.

[三] 个人图书馆. 细胞单元生产班组［EB/OL］.［2011-08-14］. http://www.360doc.com/content/11/0814/13/4735378_140290590.shtml.

轻劳动强度，提高工人劳动技能，激发员工积极性，但是其背后基于命令与控制的逻辑，追求的是效率第一。

随着时代的发展，企业在追求效率和利润的同时，开始思考如何激发员工的主观能动性，进而创造更大的价值。LKK洛可可创新设计集团创始人兼董事长贾伟为了充分挖掘设计师的想象力，2014年开始推行细胞管理，打造1+6的细胞体组织——其中1是细胞核，6是细胞营养组织，通过设计最优的管理幅度保证公司不断创新。㊀横河电机采取细胞单元生产方式，消除浪费的工序环节，从手工转换成机械自动化操作，更加人性化的工作环境提升了员工的幸福感与主观能动性，有助于实现员工的自我价值，很大程度上降低了员工离职率。㊁

酷特智能推行的家庭式细胞单元组织与上述企业细胞单元的组织方式有很大的区别，张代理是受到"家思想"的启迪而创新性地推行家庭式细胞单元组织的。张代理认为，中国有14亿人口，从整体来看，国家能稳定运转的原因是什么呢？就是因为我们有家庭，家庭是构成社会的基本单元。一方面，每个家庭成员都会自觉遵守共同的规则，为家人着想，每个家庭都有一个主心骨，从整体上引领家庭发展。另一方面，家庭不断与社会交互，家庭的健康保证了社会的健康运转。受此启发，张代理将家思想引入公司治理中，创造性地提出家庭式细胞单元组织（以下简称细胞单元组织）。家庭式细胞单元组织模式从思想启蒙到落地实践，包括细胞核人选、细胞单元的人员组成以及细胞单元组织的运行机理，都是在长期的实践中不断试错、不断总结优化并推广运行的。总

㊀ 孙新波. 管理哲学［M］. 北京：机械工业出版社，2018.
㊁ 宋一平. 陈春花对话赖涯桥：如何跟员工"狠狠爱一场"［EB/OL］.［2016-06-16］. https://www.sohu.com/a/83838711_115207.

体来看，酷特智能细胞单元组织的产生可以总结为：市场需求改变——实践试错迭代——总结推广应用。那么，细胞单元组织的运行机理及其原理是怎样的呢？

细胞单元组织的运行

酷特智能的细胞单元组织是一种极致的扁平化组织，一个单元有一个细胞核，具体细胞单元人员数量根据实际需求确定。这打破了原来的班组工作单元，将员工完全节点化，员工根据对应的源点目标有序工作，增强组织对环境变化的感应能力和快速反应能力。酷特智能通过这种组织方式实现员工的自我管理，激发员工的主观能动性，提升工作效率。

细胞单元组织的聚合遵循优胜劣汰的进化原则。细胞核相当于家长，他的产生不仅要看业绩，还取决于其所在的细胞单元中所有成员对他的虚拟评估。当然，成为细胞核也会得到更多的奖励。细胞单元的其他成员也是由具体的业务需求确定的，比如你能完成此项工作，相关成员就可以自愿组成一个细胞单元组织，这个过程充分尊重员工的自我意愿。

细胞单元组织的规模完全由需求和价值决定，以最优地完成任务并保证细胞单元中个人利益和企业利益的最大化。类比日常家庭管理，家庭中成员的数量是相对不确定的，人丁稀少可能会多添子嗣，而人员太多可能会分家单过，这些自然而然的现象被酷特智能引入管理中。在酷特智能，1个细胞核加X个细胞组成细胞单元。一般来讲，每个细胞单元人数不会太多，否则组织的运行质量和协同效率会受到影响，这类似于传统的管理幅度。比如LKK洛可可创新设计集团就是1+6=7的细胞组织，按照其实践，细胞单元超过 6 人以后，细胞核就会成为绝对的管理者，而集团需要的是创造者，因此 1+6=7 的细胞单元是 LKK 洛可可最优的组织单元规模。⊖ 酷特智能细胞单元组织以需求和价值为准则，规模一般是 3～9 人。

人体如果无法呵护细胞的健康就会得病，那么细胞是如何维持机体正常运转的呢？生命体不断吸收能量，细胞不断地分化、生长、成熟、衰老与死亡；衰老死亡的细胞无法满足机体功能，就会被免疫系统清除掉，同时细胞会不断地裂变，分化出更多的新细胞，自我修复受损组织，以保持新细胞和衰老死亡细胞的动态平衡，适应外界环境变化，从而维持机体的正常运转。酷特智能细胞单元组织的运行类似于生命体细胞的运转机制，遵循"自循环、自修复、自进化"的机制。

1. 自循环

细胞的自循环指的是闭环解决问题，细胞单元组织可以自行解决其内部存在的问题。细胞单元组织的运作好比人体的循环系统，循环系统能够自行将身体细胞的代谢产物运送到具有排泄功能的器官并排出体外，还能维持机体内环境的稳定、免疫和体温的恒定。细胞单元组织是酷特智能员工自由组成的聚合体，全员对应同一个目标，为同一个目标而努力。倘若有员工偏离了主线或无法为单元提供价值，为了保证细胞功能的正常运行，该员工将会被细胞单元组织淘汰，进而吸附具备新鲜活力的员工组成新细胞，以实现整体的最大效应。反之，如果细胞单元组织中某个成员十分出色，有能力成为细胞核并找到合作伙伴组成全新

⊖ 孙新波. 管理哲学［M］. 北京：机械工业出版社，2018.

的细胞单元组织，那么它可以裂变出去单干。当然，如果一个细胞单元组织无法胜任工作，那么它就有可能被更优秀的竞争对手吞噬，员工需要重新加入其他细胞单元甚至被淘汰。细胞单元间通过"裂变、进化、吞噬"，达成企业内部组织生态系统的良性循环。

2. 自修复

细胞单元组织根据现实问题不断循环调整，建立自己的防御机制，实现自修复。自修复通过内部自协同和强组织响应两种通道实现，可以保持细胞单元组织的最优状态。

通道一：自协同。生物界中存在共生关系，巨大而凶猛的犀牛与小巧的犀牛鸟，看似根本不可能和谐共生的两种生物，却实现了互利互惠。犀牛鸟帮助犀牛啄食各种有害的寄生虫，既获得了自己所需的营养物质，也使犀牛免受病痛之灾，二者实现了和谐共生。酷特智能的细胞单元组织中也存在共生关系，每个细胞单元组织都是一个利益共同体，当细胞单元组织中的员工在工作上出现或者发现问题时，所在细胞单元组织的细胞核及其成员会及时响应，高效协同，协力帮助其解决。

通道二：强组织。当困难和问题超出细胞单元组织的能力范围或有新问题出现时，需求提出者会自动触发强组织机制。如确属新问题或新需求，系统会自动发起一个临时的、专业的问题解决委员会，酷特智能称之为"虚拟委员会"。虚拟委员会由与该问题有关的相关专业人员随机组成，共同商讨解决之道。当然，虚拟委员会存在的最终目的并不是解决问题，而是针对此类问题举一反三，形成此类问题解决方案的算法或模型，经验证后固化在系统中，形成保障系统高效运行的规则和机制。这种流程将原来由一个人解决问题的僵硬模式，转型为在实际问题驱动下，由专业人士组成的解决问题专家系统，打造了更加灵活、高效的新组织模式。细胞单元强组织运行机理如图 2-1 所示。

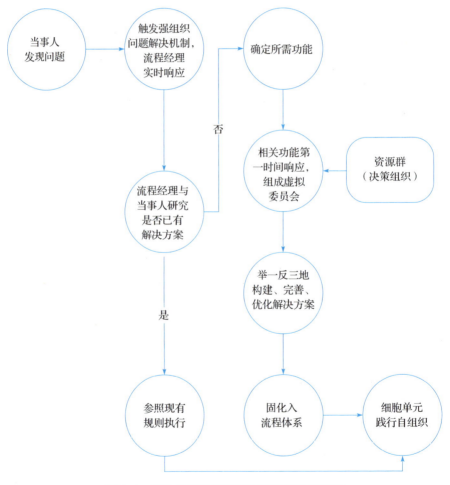

图 2-1　细胞单元组织强组织运行机理示意图

发现问题并触发强组织机制的员工，首先会获得现金奖励，这是酷特智能给予员工的直接显性激励;同时也会增加个人积分,在年终时依据积分获得对应的大奖,这是酷特智能给予员工的间接显性激励;最后,有突出贡献的员工会被记入公司发展史册,增强员工的自豪感、荣誉感与上进心,这是酷特智能给予员工的直接隐性激励。○

3. 自进化

细胞单元组织通过不断循环与修复,获取所需的营养物质,打造健康机体,实现了自进化。细胞单元组织形态为每一位员工提供了自我进化的空间,组织内的员工按照各自的需求聚合为细胞,员工在细胞内的利润取决于满足客户需求的程度,因此员工能够自发努力高效地完成工作,以赚取更多的利润——在这个过程中,员工的认知和能力得到了提升。由于员工的自进化,细胞的功能持续增强,员工能力不断提升,实现了企业生态系统的进化。

细胞单元组织模式的推行极大提升了员工的幸福感。谈到幸福感,公司接待室一位员工非常自豪地表示,能进入酷特智能工作是他人生中非常幸福的一件事。他刚来时,正值公司去领导化、去科层制,他当时很迷惑,如果没有了主管和领导,出了事情如何是好?细胞单元组织内的同事会搁置自己的工作来帮他处理问题吗?令他没想到的是,同事们不仅热心为他解决实习期间出现的问题,而且牺牲自己的休息时间,在他生病时为他买药,给予温暖和关怀……在酷特智能智造工厂现场,你同样可以看到一线工人工作时脸上洋溢着幸福,这就是细胞单元组织所产生的向心力和凝聚力。随着时代的演变,管理的人、事、物都会发生

○ 孙新波. 管理哲学 [M]. 北京:机械工业出版社,2018.

改变，酷特智能重新定义了幸福感，抓住新生代员工对尊重和自我实现的需求，通过细胞单元组织充分激发员工的主观能动性，顺应天道，还原人性，从根本上杜绝了组织病的产生。

除此之外，细胞单元组织模式的推行还为企业带来了其他的改变。

- 实行细胞单元组织模式后，酷特智能打破科层制的限制，极大地优化了员工的工作效率。员工有时间、有精力参加社会活动，与朋友们交际，工作时间的缩短也有益于他们的身体健康。
- 细胞单元组织模式的实行大大节省了不必要的管理费用，公司转而将这些费用直接用到员工福利上，因此酷特智能的员工相比同行业员工得到的薪资福利更高。
- 由于酷特智能细胞单元组织模式的实行以及其他方面的成功转型升级，公司管理成本降低了50%，效率提升了25%以上，其转型实践成为全球企业争相学习的榜样，目前已接待了全球近万家企业的参观学习和专修培训。

细胞单元组织的原理

细胞单元组织在酷特智能的实践，证明此种形式是去科层制的途径之一，它将原来个体、部门和层级之间的界限打破，完全由需求驱动，员工自愿组成细胞单元，而且它是动态整体协同的，自主完成"自循环、自修复、自进化"。其背后的原理类似于生命体细胞的运作机理，生命体由红细胞、白细胞、吞噬细胞和神经细胞等共同组成，健康细胞会不断分裂和增殖，以取代死亡细胞并修复受损组织，通过这种再生和自修复的方式维持机体的完整和稳定。细胞单元组织突破了传统组织理论的边界,具体如下。

1. 酷特智能重新定义了领导者

谁是领导者,领导者是什么样的?传统组织中,领导者就是领导者,甚至一部分管理者充当着领导者的角色。领导者拥有下属不可逾越的权力并且多处于稳定状态。在当今不确定的环境下,按照企业长期发展形成的惯性思维和制度安排来管理员工已经不能适应企业的发展需要。组织中的管理者如何与不确定的社会需求相适应值得深思。酷特智能的细胞单元组织打破了企业领导者的边界,解放了以往组织对领导者的认知,管理者不仅可以成为领导者,企业的所有员工也都有可能成为领导者,即人人都可以成为领导者——只要员工能够满足客户或组织发展的需求,就可以组建细胞单元组织,成为细胞核。就酷特智能而言,细胞单元组织打破了领导—成员交换关系,领导者的中心地位不断下降,大家在近乎没有权力距离的团队中共事。领导者根据需求动态调整,充分调动员工的积极性,撬动整个公司的人力资本。

2. 酷特智能重构了企业—领导—下属的关系,员工成为企业的合伙人

细胞单元的形成过程实现了员工从就业观到创业观的思想转变,员工身份由劳动合同签署者到内部创业者的转变。传统科层组织中,领导和员工的关系取决于员工是否会成为领导圈内人的认知。在这样的领导—成员关系中,领导者不可能与每一个员工保持高质量的交换关系,只能与一部分人维持较好的人际关系。酷特智能实现了情感与利益

的动态平衡，通过自由选择自己的细胞核来实现情感的建立与表达，通过建立公平的利益分配机制与规则实现细胞核与细胞成员之间的利益分配。传统科层组织中，领导和员工是为企业股东服务的，酷特智能的家庭式细胞单元组织打破了这一传统结构认知，员工和企业一体化，员工成为企业的合伙人，实现了在企业内部创业。每个细胞单元都是一个创业团队，这些创业团队中的个体是为自己服务的，是以合伙人的身份完成企业整体目标中的小目标的。这样，精准的目标指引使得细胞核与整个细胞的成员保持着良好的交换关系，充分满足了企业、领导与下属的需求。

3. 酷特智能结合现实需求开创了"数"领导力

丹娜·左哈尔指出，量子领导者具有非层级制、多功能的整体（集成）、权力分散化、员工是创造性的合伙人、多元视角、放权、关系管理、价值驱动以及自下而上等特点。[一] 这与酷特智能在组织层面的创新高度契合：组织可以灵活应对外界环境变化，充分赋能员工，激发员工的能量，由下而上地为企业注入源源不断的动力。什么是"数"领导力呢？"数"领导力是对领导力的整体认知，它不仅是领导力类型，还是领导力思想，即"数"的思想。量子领导力仅仅是"数"领导力的一种表现形式，如果用"万物皆数"的思想来解释，则"数"领导力中蕴含着万物互联、相互转换以及平等多元等要素。以此作为衡量标准，酷特智能的管理模式已经实现了数管理，酷特智能的领导方式已经实现了数领导，酷特智能的领导者已经成为数领导者。数领导者要充分考虑现代

[一] 丹娜·左哈尔. 量子领导者[M]. 北京：机械工业出版社，2016.

商业的迅速变革和不可预测,将其视为一种机遇:不仅要学着在迅猛变革和不可预测中煎熬并幸存下来,还要汲取其中的养分。

正如《大学》所言:"知止而后有定,定而后能静,静而后能安,安而后能虑,虑而后有得。"[1]其中,"知止"是指员工应该明确其原则,厘清其期许,即酷特智能员工应该对其目标、归宿及原则有清晰的了解,将企业变革目标与其自身奋斗目标相结合。"有定"是指员工内心顺应酷特智能变革之立场,并且坚定不移。《大学·章句》如是云:"知之,则有定向",意为员工需要对自身归宿有较为清晰的认识,而后坚定不移。酷特智能员工明确了解集团为其规划的"人人自治"归宿,坚定不移地响应公司变革。"能静"是指员工之动机要单纯公正,其心不可妄动而为。《礼记》云:"人生而静,天之性也"[2],意为心清净、不妄动乃是人之天性。酷特智能打破科层,消灭官僚习气,将员工变为合伙人,多干就能多挣,这种公平公正的机制使得员工内心纯净,不再考虑利益争夺,可以充分激发员工的干劲。"能安"是指身心须安详,才能从容有度,此处的"安"意为随处而安之,如《管子·内业》云:"天主正,地主平,人主安静",强调员工在酷特智能组织变革后应找到自己适合之岗位,并随处而安。"能虑"是指员工应该周到思虑事物与人物,切勿存在偏见,《大学·章句》如是云:"虑,谓处事精详",意为员工应全面考虑工作相关事宜,精细、详尽、周到、公平,对待酷特智能家庭式细胞单元组织的实施也应如此。而"能得"是指员工做出合理之选择,才可使自身心安理得,《大学·章句》如是云:"得,谓得其所

---

[1] 曾参. 大学[M]. 上海:上海古籍出版社,2010.
[2] 戴圣. 礼记[M]. 南京:江苏凤凰科学技术出版社,2015.

止"[1]，酷特智能员工完成以上思想变迁之过程，则可得到身心安宁。

酷特智能家庭式细胞单元组织的实施需要全体员工由内而外的配合，尤其是思维变迁。巴纳德认为，组织内的领导者或主管人员是组织成功运行的最重要因素，而酷特智能细胞单元组织的核心是所有员工层级平面化，讲求人人自治，激发员工内在驱动力量，发挥其主观能动性，以达到"自循环、自修复、自进化"的目标。《黄帝内经》云："上以治民，下以治身，使百姓无病，上下和亲，德泽下流，子孙无忧，传于后世，无有终时"[2]，这句话体现的对生命无微不至的关怀与酷特智能家庭式细胞单元组织所透射出的人文关怀思想高度契合。人在生命宇宙中不是消极被动的存在，而是积极主动的主体，细胞单元组织充分释放了员工的主观能动性，极大提升了员工主观幸福感，从根本上解决了所有者和经营者的冲突，实现了二者的和谐共振，这种大美境界与《黄帝内经》所追求的生命的美好境界，也就是生命的和谐、欢乐、自由的境界相得益彰！

无边界组织模式的运行

无边界组织

互联网时代的到来，数据成为联结组织内外信息交流的重要资源。在数据的驱动下，企业的商业模式和组织模式发生了颠覆性的变化，企业内外部信息流动的实时动态性成为影响其高效运营的重要因素。随着

---

[1] 朱熹. 四书章句集注 [M]. 北京：中华书局，2016.
[2] 黄帝. 黄帝内经 [M]. 姚春鹏，译注. 北京：中华书局，2014.

规模的扩张，企业封闭的组织边界成为信息及时反馈的桎梏，审批层级烦琐化、部门行动僵硬化和领导作风官僚化等问题严重影响企业的良性运转。为了化解上述矛盾，企业必须找到自由和控制之间的均衡点，摧毁阻碍信息沟通的壁垒，建立畅通无阻的沟通机制。

无边界理念由通用电气（GE）前 CEO 杰克·韦尔奇提出，初衷是化解通用电气僵化的官僚等级体系，改善落后的管理机制，本质是沿用全员参与的思想实施企业组织结构的突破式创新。⊖ 无边界理论将企业组织视为有机体，虽然机体内部存在各种隔膜，但并不影响各部门间的物质流通，信息、资源、构想和能量依然能快捷便利地穿过边界，保障事务活动的有序性。缔造无边界组织不是要求清除所有边界，而是主张如何跨越、渗透组织的边界，让边界更加柔性化；也即组织内部各层级、各部门，组织在价值生态之中以及在地域上都可以渗透、交换价值，从而让边界更具有渗透性、开放性，让创新、信息、知识、资源和活力更容易传播，实现组织内外部更好的协作。

通用电气是如何跨越、渗透组织边界的呢？杰克·韦尔奇接手 GE 之后，发现公司存在机构臃肿、多重领导和官僚主义等问题，于是开始对组织结构进行调整，通过裁员、精简部门、整顿业务取得了积极的成果。之后，杰克·韦尔奇发现公司的产品质量参差不齐、生产效率低下，一线员工好的想法难以反馈给上级领导。如何才能使公司达到最佳状态？后来他想到一种让全体成员畅所欲言的方法，就是群策群力，即让不同层级、不同职能的成员聚在一起，提出公司中存在的问题及解决办法，通用电气通过高级主管来确定提议是否可行。可

⊖ MBA 智库百科. 无边界组织［EB/OL］［2010-07-09］. https://wiki.mbalib.com/wiki/.

行的提议将由提出建议的人执行,公司负责监督实施进度和把控结果。通用电气通过打造一种全体成员平等、无边界和无障碍的沟通环境,授权员工,让员工畅所欲言,从而凝聚全体智慧,共同解决组织问题。○

酷特无边界

1. 践行无边界行为

酷特智能通过实践,利用大数据驱动创造了"无边、无界、无为"的组织体系,成为无边界组织的践行者、创新者和领航者,是治理取代管理的重大变革,创造了组织的"新物种"。

走进酷特智能的生产现场,你会发现一个现象,工厂里没有管理人员,也没有随意走动的人员,每名员工都在高效工作。深入调研后,我们才发现员工如此高效是因为工厂里没有传统企业必须有的"厂长、主任、班组长",也没有人为分割的各个工段!所有员工都在平台上工作,从网络云端获取数据,听从客户需求数据的指挥。员工间没有科层的区分,没有部门的阻隔,没有请示审批的环节,在平台打造的无为而治状态下,员工们只有一个共同的目标:快速满足客户的需求,及时获得应有的回报。遇到困难,没有部门的限制,没有层级的制约,家庭式细胞单元组织让他们形成了互相帮助的规则和契约,达到了高效的协同。员工们就在这种家庭氛围中工作和学习,酷特智能独创的组织模式让员工从思想无边界迈入工作无边界。表 2-1 表明,组织边界被打破后,企业

○ 罗恩·阿什肯纳斯,戴维·尤里奇,托德·吉克,等. 无边界组织 [M]. 姜文波,等译. 北京:机械工业出版社,2016.

管理层人数大大降低,生产成本、管理成本和研发成本得到了最大程度的削减,生产效率得到了提高。无边界组织让员工的创造性得到了最大限度的释放,员工之间的关系变得愈加融洽,整体的工作效率得到了飞跃式的提升。

表 2-1 酷特智能无边界组织的效率展示

	工厂规模	专职管理人员	日工作时间	技术人员
传统组织	3 000 人	≥ 100 人	≥ 11 小时	200 人
无边界组织	3 000 人	0	8 小时	<20 人

资料来源:酷特智能企业变革实验数据。

加里·哈默指出:"未来的组织没有层级。减小创新单元将更有利于灵活地面对市场。"[一] 传统企业的多层级架构增加了交流沟通的成本,无边界组织恰恰能够使企业动态管理更加经济高效。当企业的边界逐渐消失,内部成本减少,边界不断地向外、向下延伸时,组织形态就会发生根本的改变,层级会减少,部门会合并,劳资关系、产销关系等都会发生颠覆。

为了达到无边界的理想状态,企业需要不断探寻无边界的平衡点,掌握动态管理中自由与控制的均衡,进而重新定义边界的概念。酷特智能是如何重新定义组织边界,又是如何打破边界的呢?

2. 打破传统边界

企业要想成功,必须清楚地认识并改造四种边界:垂直边界、水平边界、外部边界和时空边界。垂直边界是指企业内部的科层等级;水平

[一] 腾讯科技. 加里·哈默与张瑞敏谈"管理大未来"[EB/OL].(2013-02-28). http://tech.qq.com/a/20130228/000088.htm.

边界是分割职能部门及规则的围墙;外部边界是企业与客户、供应商和管制机构之间的隔离;时空边界是区分文化、国家市场的界限。[①] 达到一定规模的任何组织都有边界,边界增加了成本,延缓了生产,抑制了创新,造成了严重的大企业病和经营负担,难以及时响应客户需求。

酷特智能成功打破了组织边界,让客户和企业经营需要的创意、信息、决策、人才、资源、措施、业务和服务顺畅地流动起来,在正确的时间以正确的方式,流动到供应链节点最需要的地方。

(1)打破内部边界。酷特智能通过"五去"打造点对点的网格化组织,打破企业内部边界。酷特智能清楚地意识到企业信息流通和及时反馈的重要性,繁多的组织层级、职能重叠的部门和复杂的审批流程必将影响信息的传递效率,抑制创新的萌芽。酷特智能以壮士断腕、刮骨疗毒的勇气和决心,通过"去领导化、去科层、去审批、去部门和去岗位"的方式,打破了企业组织的内部边界,形成了具有高活跃度的网格化组织。

- **去领导化** 在于全员对应目标,用规范化、体系化取代领导化,领导只对组织建立的标准、规范、体系和机制负责,确保整个体系的运转和优化。
- **去科层** 在于打破科层限制,实现互联网思维下的网格化组织架构和"点到点、端到端"的运作机制,从而达到强职能、弱管理的目的。
- **去审批** 在于通过强组织解决新问题,固化流程,强化责任,全

[①] 罗恩·阿什肯纳斯,戴维·尤里奇,托德·吉克,等. 无边界组织[M]. 姜文波,等译. 北京:机械工业出版社,2016.

员创造性地按照标准化流程工作，强化过程管理，通过实时审计防范风险。

- **去部门**　在于打破部门壁垒，在组织信息化和数据化的基础上，实现信息的高速流转，最终实现全员对应目标、目标对应全员的高效协同。
- **去岗位**　在于按能力和贡献设置薪酬，按每个员工在组织中发挥的功能来设置工资，真正实现了义利的动态平衡。

酷特智能通过"五去"降低了组织水平边界和垂直边界的密度，形成了极致扁平的网格化组织，如图 2-2 所示。这种组织形式彻底打破了部门墙与科层天花板，实现了企业运作的规范化、标准化、体系化、数据化和平台化。值得注意的是，"去领导化""去科层""去审批"不意味着组织内部的完全自由化。为了更好地保障公司的良性运作，避免组织陷入崩溃，酷特智能充分运用虚拟委员会的决策机制来保障强组织的科学决策，不允许以个人意志实施决策。

网格化组织生态下的内部结构中，组织由员工灵活集结而成的具备"自循环、自修复、自进化"功能的多个家庭式细胞单元构成，成员与成员之间、群体与群体之间自发形成共同目标结合体，最大程度降低水平边界密度，激发组织活性。在这种组织形态下，员工实时对接客户的需求，数据时刻在组织内部流通，成员目标一致，信息、能力和创意等资源能够灵活地传递，一切计划和行为都是为了更好地满足客户的需求，彻底解决了传统组织内部职能部门各自为政、忽略组织总体目标的问题，水平边界得以打通。

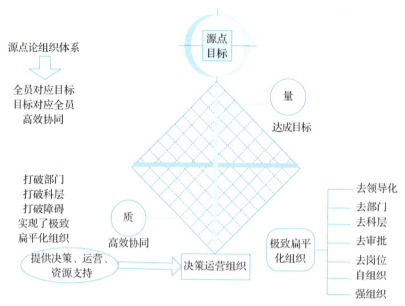

图 2-2 酷特智能极致扁平的网格化组织

（2）打破外部边界。酷特智能打造 C2M 平台，高度整合供应链上的各节点。数据是一切整合行为实施的基础，在满足客户需求这一目标的引领下，酷特智能打造 C2M[○]商业生态平台，将客户、供应商、生产商和服务商置于同一平台，驱动企业内外部资源快速整合，实现了客户和供应链整体的直接交互、交换和交易，供应链上的每一节点都能够实时对应客户需求，大大降低了间接成本。另外，客户通过与生产商直接对接，将其需求数据化，产品研发设计和营销都可以由客户自行开展，从本质上改变了产销关系。酷特智能利用数据打造供应链生态，进而打通供应链体系的外部边界，营造出了多赢共生的发展局面，充分释放了

○ C2M（Customer to Manufacturer）平台是酷特智能为客户搭建的 DIY（自主设计）平台。本书从商业模式、在线平台、商业生态的视角解析 C2M 模式。

供应链节点上各组织的潜能,让组织经营变得更加高效,如图2-3所示。

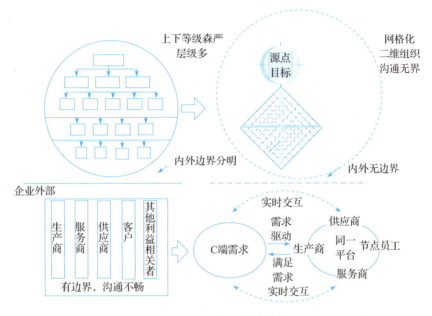

图2-3 打通企业内外边界

(3)打破时空边界。酷特智能通过全程数据驱动,整合全球资源,满足全球客户的个性化定制需求。时空边界不仅仅包括地理边界,还包括时间边界。互联网的高速发展打破了时间的束缚,给公司带来了跨时空发展的契机。全球各地存在的时差因素将客户与企业分隔,使企业难以实时响应客户需求,不同地域又显示出文化和市场的差异,而互联网为企业和客户搭建了打破时空限制的平台。酷特智能在国际化引导下,为世界各地的客户提供自主设计的机会和条件,全球客户可以在App上自主下单,自主设计喜欢的衣服,企业通过数据系统获得客户需求数据,实时响应并满足客户需求,打破了时空、国界和语言的限制。

由此可见，酷特智能的"无边界"与 GE 的"无边界"在某些做法上是不同的，GE 更多的是让边界更加柔性化，通过"群策群力"的方式让不同部门、不同职能的管理者和员工聚集在一起共同探讨，横向思考，凝聚集体智慧，从而科学决策。而酷特智能真正通过"去领导化""去科层""去部门""去审批""去岗位"打造点对点的极致扁平化的网格组织，搭建 C2M 平台，驱动企业内外部资源的快速整合，及时响应客户需求。酷特智能形成了一套适用于数字化时代企业平台发展的组织结构，它打破了客户、员工、企业以及供应商的边界壁垒，将参与平台发展的各方整合到一个平台上，大大削减了沟通时间，提高了数据传递效率，尽可能地消除了信息不对称现象，实现了客户体验升级、在线交互、群体创造、接口透明、智能驱动以及网络协同。按照毕马威《组织与人才变革团队》中智能组织四个阶段的划分标准来看，酷特智能的平台型组织俨然成为智能组织 4.0⊖（见图 2-4）。

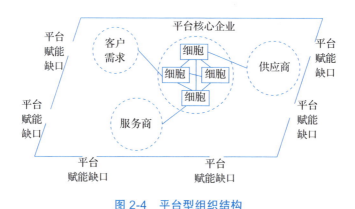

图 2-4　平台型组织结构

⊖ 阿里研究院. 从连接到赋能："智能"助力中国经济高质量发展［R/OL］.［2019-03-13］. http://www.sohu.com/a/301088823_680938.

边界的本源

《机器崛起前传》认为,"原意识"是人类认知结构的开端,"认知膜"是广义上的边界,当概念体系、信念体系和价值体系(认知膜)从原意识中逐渐衍生出来之后,"自我"和"外界"的边界逐渐模糊,自我可以脱离物理和现实的边界束缚而存在。[一] 由此可见,边界是可以打破的。在企业当中,边界从根本上讲是一种思维边界,它存在的原因在于人们从根本上承认了边界的存在,突破边界是意识转换的过程。企业用实践证明了这种所谓的边界会对事物的正向发展产生抑制作用,因而要突破边界。突破边界的目的恰恰是要将有限的空间变得无限,让资源在空间中自由地流动,归根结底是一个从有到无的过程,是一个释放的过程。那么我们能否探索到未知领域的无限世界?企业能否从根本上实现从有限到无限的转化?如果有,那必将是站在意识和思维层面,突破思维的边界,还原人性,因为人的潜能和价值是无限的。人往往由于各种复杂的内外部原因而难以察觉自己的能力,只有在抑制被消除时,蕴含在人体的潜能才会爆发,产生意想不到的、有助于企业突破式创新的巨大能量。思维边界本身就是一个固化的边界,突破思维边界的唯一方式就是时刻自我改变,时刻自我实践。

家庭式细胞单元组织像生命体细胞一样进行"自循环、自修复、自进化",不断地改变、革新和进化,这种组织形式打破了企业边界,取缔了指挥链,保持了合适的管理幅度,使得信息、资源、构想和能量能够顺利地穿越企业边界,实现成员之间的自由沟通和交流,达到最优的

[一] 蔡恒进,蔡天琪,张文蔚,等. 机器崛起前传:自我意识与人类智慧的开端[M]. 北京:清华大学出版社,2017.

效果。酷特智能经过十余年的深入实践与挖掘,基于对人性本真的深度解读,用源点论的治理思想,正向引导人性中的自我成就动机,充分释放人的主观能动性,激发潜在创造力,实现人的意愿从被动到主动的跨越升迁。酷特智能认为世界上最大的障碍就是边界,企业需要跨越的最终边界并不是物理边界,而是扎根于人类思想和灵魂深处的思维边界,而应对的唯一方法就是要时刻自我改变!

新的无边界

无边界思想经过理论与实践的双重检验逐渐被认可,无边界组织已然成为企业组织形态演化的发展趋势。酷特智能通过自身的实践改变了企业的组织结构,使企业清晰地意识到,要想在新的经济体系中获得成功,只有掌握无边界准则,方能跟上变化的步伐。那么,什么是无边界准则?要怎样做才能实现向无边界的演化呢?

1. 天道思维引导无边界行为

企业变革的根本在于人,在于意识[⊖],特别是领导者的意识。企业面临的外部环境促使企业的管理逻辑和管理思维要顺应时代及时迭代,这需要具有引领性思想的领导者带领企业变革。在企业实践中,张代理发现原来的科层制组织体系是违背人性和天道的,不利于企业的可持续发展——组织边界的存在严重抑制了人原始的创新性,影响了组织内部知识的传递与交互效率,因而想到了"去领导化、去科层、去审批、去部门和去岗位",彻底打破企业边界,形成家庭式细胞单元组织,用科学

⊖ 孙新波. 管理哲学 [M]. 北京:机械工业出版社,2018.

和人性的治理思想正向引导人性中的自我成就动机，实现义利的有机统一。人力资本是企业最大的资本，是企业经营最重要的因素，要实现"以心为本"的伙伴关系，公司必须树立远离经营者私心的思维理念，管理者必须顺应天道，德合人心，只有动机至善、私心了无、点燃自己才能成就他人，才能照亮企业。过强的外部激励手段，反而制约掩盖了人的本原动机和真实需求，顺应天道的思维恰恰是找到了组织的原动力，开发了组织成员主动贡献的意愿和能力。企业的领导者应具备顺应天道的思维，捕捉自然规律，以挖掘人的内在潜能为着力点，营造平等共融的氛围和交互的条件，提升组织个体的参与感，使个体能够自发地为企业目标而协作，在协同合作中提升自身的学习能力，升华自身的认知思维。只有员工的思维与管理者的思维一致，员工才能自主地跨越组织边界，形成真正意义的无边界组织。正如李培根院士所言："好的管理一定是简约的——大道至简，而真正的、普适的管理思想一定要上升于'道'"。酷特智能正是践行天道思维，遵循、顺应、实施自然的根本规律，充分还原人性、激发人性的主观能动性和自主创造力，才真正实现了企业无边界。

2. 源点需求驱动组织变革

一切组织的行为追根溯源都是以需求为源点。变革是组织实现无边界的必由之路，本质目的是不断提升满足客户需求的能力。不过，很多企业并未清楚地意识到需求在无边界组织形成中的驱动作用，未将满足客户的需求确定为企业真正的目标，因此所实施的变革往往只关注结果而忽略了变革的真正目标，简化组织框架也往往局限于工作的开展，并未从本质上提升组织中个体的参与性，释放组织个体的活力。由此看来，一味地实施组织变革往往只能给组织运作带来障碍，甚至将组织带入盲目变革的恶性循环。需求能够驱动企业行为是因为需求与企业的盈亏紧密相关，企业实施组织变革的最终体现是利润的提升，因此只有将需求视为组织无边界转换的驱动力，以需求为源点才能打造一个强大而富有竞争力的无边界组织。

3. 数据流是开启组织边界的密钥

数据本身具有强大的无边界能力，它是联结组织内外的纽带，是推动企业实现组织无边界的推进器。尽管人类最新的前沿技术会不断更迭，但数据始终处在动态变化中，是联结虚拟与现实的工具。数据有静态和动态之分。动态的数据称为"数据流"，数据流通于组织之间的过程便是将一切化繁为简和打通边界的过程。因此，企业一定要有数据意识，注重数据的完备性，不仅包括客户的需求数据，还要囊括生产数据、监测数据等。同时，企业要注重培养数据分析能力和发挥数据在组织生态系统中流通的能力，强大的数据分析能力能够帮助企业做出精准的预测和决策，提高企业的资源匹配能力、运行效率和运行质量；在数据驱动下，和需求有关联的信息、资源可以迅速地渗透到系统的每一个节点，发挥数据价值，打破固有边界，激发组织成员的协作意愿，提升组织的协同效应，为企业发展创造更大的利润空间。

4. 实践试错走向实现之道

《周易·系辞下》指出："穷则变，变则通，通则久。"变革是企业持续发展的基石，环境时刻影响企业的成长，要想实现企业的可持续发展，势必要在实践中不断试错、不断革新，才能不被市场淘汰。酷特智能直面企业发展过程中出现的种种问题，找到痛点并全力解决。酷特智能的组织变革就是在不断实践和改变之中推陈出新，升华为具有实用性的组织无边界理论，实现源点需求指引、全员对应目标、目标对应全员、高效协同，指引企业实现可持续发展。组织无边界演化模型如图 2-5 所示。

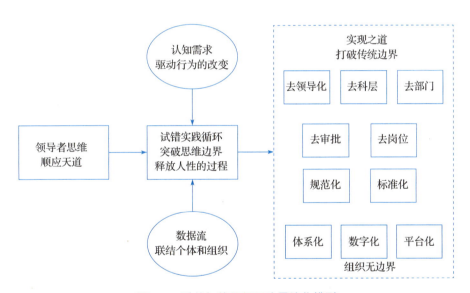

图 2-5 酷特智能组织无边界演化模型

网格化组织的诞生

科层制下的企业组织大多存在这种现象：从企业内部来看，员工有问题需要层层审批，大多历经"一线员工→室主任→部长→副总经理→

总经理"的全流程请示路径，层层审批往往造成信息的失真。同样，当决策人决策之后，其下达的指令与解决方法通常会原路返回，倘要调动其他部门资源时还需横向沟通，手续会更烦琐，实施周期可能更长。当指令下达到发问者手中时，解决问题的方法可能也发生了变化。信息的缓慢流动与失真严重影响了管理效率和质量，很难高效满足用户的需求，导致企业盈利能力差。针对上述现象，酷特智能决定大刀阔斧地改革，将正三角的科层制组织结构变为点对点的网格化组织，实现组织管理的刚柔并济。

打造网格化组织

酷特智能最开始的组织体系为小部门职能制。在职能制下，部门划分过多，信息传递受阻，同时，部门间缺乏信息交流，不利于集思广益做决策，再加上直线部门与职能部门（参谋部门）之间目标不易统一，职能部门之间横向联系较差，信息传递路线较长等诸多问题，造成组织整体运作效率偏低，管理成本浪费严重，难以及时响应用户需求。鉴于传统的机械式组织结构无法适应用户个性化定制需求，酷特智能开启了四次组织变革之旅。

1. 组织变革的 1.0 阶段

近 20 年前，酷特智能开始大刀阔斧地改变组织结构，首先合并部门，削减部门数量，尽量减少部门之间的边界和障碍，以此提高内部的运行效率和外部满足用户需求的能力。变革后虽然部门得到精简，管理成本下降，效率得以提升，但是企业内部的运行质量、客户反馈评估等

2. 组织变革的2.0阶段

酷特智能紧紧围绕用户需求,将集团的大小部门集成为两大中心:利润中心和支持中心,如图2-6所示。此次变革以两大中心为驱动,以市场化的手段追求竞争与合作,以此提高集团内部的运行效率,满足用户需求。双中心组织架构有效减少了小部门间过多的协调、接口和摩擦,但是没有解决中心内部的协调和协同。两大中心仍不能以用户需求为导向对应目标去工作,发生利益冲突时,仍然各自为政,难以协调。

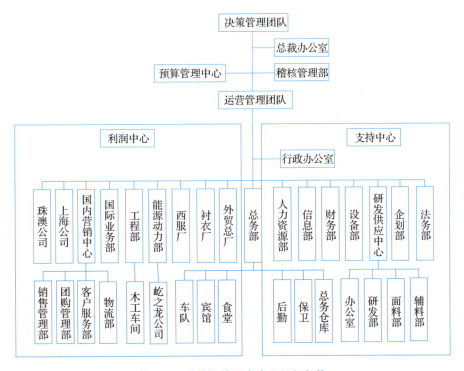

图2-6 酷特智能两大中心组织架构

3. 组织变革的 3.0 阶段

围绕源点论思想，酷特智能开始思考如何高效、准确地提高满足用户需求的能力，真正以用户需求为导向来提高内部的管理能力。酷特智能于是进行了第三次较大的组织变革，专门设立了大客服平台，将客服部门转为实权部门，以客服平台为指挥枢纽，其他部门无条件执行它下达的服务指令，将原来的部门和小组打散，以满足用户需求为导向，对原来的各部门职能进行重新识别、评估、重组、调优，形成了生产中心、供应链中心、客服中心、财务中心、营销中心、信息中心和人力资源中心等专业服务中心。大客服平台前端对接公司外部的直接用户、供应商和协作伙伴，后端直接驱动各大中心，反向整合组织资源，快速响应用户需求。这个阶段的组织结构目前为各大企业集团普遍采用，但它仍然是传统管理框架下的组织结构，并没有改变级级请示、层层审批，也没有改变领导的权力，部门之间的隔墙、层级之间的障碍仍然存在，并未从根本上改变传统企业的弊端。

4. 酷特智能的 4.0 阶段

传统的科层制已经落后，不再适应这个时代，随着 IT、DT、NET 和 AI 的成熟，管理变革与进化成为必然。酷特智能大胆探索和实践了"无管理"，由管理到治理，由人治到自治，创新了企业的治理体系。酷特智能在组织结构方面的重大变革，使管理的性能得到了颠覆与进化，成长为"治理"新物种。

这个阶段的组织结构是节点对节点、节点对员工、员工对员工的网格化组织。此时的组织没有了绝对的中心，也没有了中间层，有的只是网络节点；一个组织是一个节点，一名员工也是一个节点所有节点都属于互联交汇点，均无"级别"概念，均遵守共同的契约规则；任意两个节点均可跨过任何层级直达，实现互联互通、互动支持——两点之间直达最高效；企业战略无须逐层分解即可直达所有节点；每个节点都是由用户直接驱动的自组织，都可由员工动态自由组合而成，用户需求与内部资源高效互动，得以快速满足；任何一个需求节点都可以按需求整合相关资源，一旦有用户需求，即可像白细胞吞噬细菌一样自主组合作战。

在网格化组织中，组织生态下的内部结构达到了良性循环，彻底打破了部门墙与科层天花板，成为顺应时代的平台生态系统。网格化组织生态下的企业、用户和员工都是网格上的自由体基因，通过数据螺纹实现需求与功能的快速配对，形成类基因双螺旋结构，完成信息交互与价值创造，实现多赢。网格化组织生态下的员工不再受岗位边界的束缚，员工和企业的关系从劳资关系转变为合伙人。企业组织架构极致扁平，员工成为自主驱动的功能体，管理者和员工的关系由原来的命令与控制向自发与协同发展，无限放大个体能量，充分释放人性。

自组织与强组织

自组织理论是20世纪60年代末期开始建立并发展起来的一种系统理论，它的研究对象是复杂自组织系统（生命系统、社会系统等）的形成和发展机制问题，即在一定条件下，系统如何自动地由无序走向有序，由低级有序走向高级有序。[一]在自组织中，成员看重情感和关系，

[一] 孙新波. 管理哲学[M]. 北京：机械工业出版社，2018.

不过分追求市场利益与竞争。㊀在酷特智能，自组织体现为每个细胞单元组织对应既定目标，按照既定规则和机制各司其职又自动有序运行，高效协同。自组织是网格化二维组织生态运行的常态方式，在执行中依照既定流程不再设立请示、汇报和审批环节。执行人权责清晰，有充分的权利当家做主，承担责任，极大提高了工作效率和员工的主观能动性。在数据驱动下，原来的科层制逐步扁平化，取消了班组长、车间主任等垂直层，形成了以细胞单元为特色的自组织，充分满足源点需求。细胞单元在组织生态中自我循环，功能持续增加，能力持续增强，进而可进化、裂变成新的功能细胞。细胞单元无法满足内外部需求时，就会动态进化，成员重组进入新的功能细胞单元。在自组织里，细胞单元人数具体由需求和价值确定，细胞核负责引导其余员工，相互协作共同完成任务。这种相互协作的自组织机制极大地提升了组织的运行效率，实现了价值最大化。

强组织是自组织生态的自我修复、自我进化的方式，对应的是去领导化，通过虚拟委员会的专业决策保障自组织更好地运行。在这个过程中，虚拟委员会既是具备自我净化、自我进化基因的功能细胞，又是网格化组织生态解决问题的主要路径和主导力量，可以保证组织生态的良性运转和动态平衡。

强组织和自组织运行的核心机理是什么呢？那就是数据和数据背后所蕴含的规则。这种规则在酷特智能有三种：冷规则是一种强制性的规则，不以人的意志为转移；热规则是一种劝诫性的规则，更多从道德上引领人们的行为；而酷特智能所体现的数据规则是一种温规则，是一种

㊀ 方永飞. 自组织：互联网+企业管理创新 [M]. 广州：广东经济出版社，2016.

有温度的认知性规则。数据是 1 还是 0，这是数据本身所体现的共性、内涵强制性和规则性，这种数据是冷的，但加上人的认知后变为有温度的数据。温规则下，员工表现出一种自发性、自觉性的行为。自发性是人为他然，是一种客观的、确定性的规律；自觉性是为人自然，是人内在精神层面的一种超越。数据驱动下，细胞单元组织按照需求自发聚散、相互协作、共同完成任务。由于数据的特性，每个员工的任务量和工作量都是透明的，这种透明、公平、公正和共享的机制激发员工由内而外的主观能动性。数据将网格化组织下每个节点的用户、员工和供应商等"按需求"有机结合，共同导向企业目标。这种温规则用中国传统文化来讲就是执两用中：在数据驱动的温规则下，企业抓住事物发展的根本规律，顺应天道，还原人性，员工各司其责，发挥所长，实现多方共创、共享和共赢。

水式自我管理的实现

水式自我管理的提出

《道德经》有言："道可道，非常道。名可名，非常名。""道"不可言说，但人们可以通过隐喻类推的方式来认识道。⊖ 汉学家艾兰认识到中国人认为自然与人相通，自然规则可以类比推理至人类社会，通过隐喻和类比推理的方式获得对世界的整体性和全面性的认识，所以她用"水"所包含的"无为""就下"和"柔弱胜刚强"等特点来类

⊖ 老子. 道德经［M］. 北京：中国华侨出版社，2014.

推道的内涵，从而了解人类社会运行的特点和规律。㊀ "上善若水，水善利万物而不争，处众人之所恶，故几于道。"老子借"水"来阐述道，表达对道的根本性认知。㊁ "水"的性格，正是道家"灵性"与"柔性"精神的生动体现，而水性思维就是道家以柔弱胜刚强的决胜之道。㊂

水性思维对企业管理提供了重要的思想指引。水遇到山之后，积极地改变自己，以山为伴，以山为用，决非远山而去！这就启示领导者要"识时务者为俊杰"，主动迎接环境变化带来的挑战，改变自己，实现与环境的和谐㊃。陈春花也提出，管理的本质是实现员工的自我领导，组织要想在不确定的环境中持续成长，需要打造像水一样可以灵活应对环境变化的动态组织，打破组织僵化，从而帮助企业在动态环境下创造持续竞争优势。㊄ 传统科层制过分追求效率，员工创造力低下，信息传递受阻，组织内部沟通和外部资源整合能力较弱，这种机械式、封闭化的组织结构难以适应互联网时代高速变化的环境。酷特智能创造性地推行细胞单元组织、无边界组织、网格化组织，对传统的企业观进行了彻头彻尾的颠覆，通过"去领导化、去审批、去科层、去部门和去岗位"充分授权员工，让员工自我管理，逐渐达到以"人人自治"为目标的"自循环、自修复、自进化"之无为而治的"大道"局面，实现了"自组织、自驱动、自管理"。这种"无为"并非真的无所作为，其实质还是一种有为，正如水之流变以柔弱胜刚强，因为天下"攻坚强者莫胜于

㊀ 艾兰. 水之道与德之端 [M]. 北京：商务印书馆，2010.
㊁ 胡国栋，李苗. 张瑞敏的水式管理哲学及其理论体系 [J]. 外国经济与管理，2019 (3):25-37；69.
㊂㊃ 孙新波. 管理哲学 [M]. 北京：机械工业出版社，2018.
㊄ 陈春花，刘祯. 水样组织：一个新的组织概念 [J]. 外国经济与管理，2017(7):3-14.

水"。酷特智能打破传统"经济人"假说，将员工视为企业合伙人，充分释放人性，实现共创、共赢和共享，达到"无为"比"有为"更好的效果，这一点与水之"以柔克刚""柔中见刚"的性情极为相似。《道德经》云："胜人者有力，胜己者强。"这句话是说能够在某些方面胜过别人的是有力量的人，而战胜自己才是真正的强者，因为世上最难打败的就是自己，只有勇于直面自己、战胜自己才是真正的强者。㊀酷特智能正向引导员工人性中的自我成就动机，激发员工由内而外的主动性和创造性，唤醒组织的内生动力，摒弃依赖外力的被动基因，为组织注入自动的主动基因，形成酷特智能独特的水式自我管理。

水式自我管理的实施

怎样才能使员工自我管理，为完成组织的目标努力呢？酷特智能用"试错式创新"最终探索出了一套"体制上'无'激励，机制上'多'激励"的企业治理方案。体制对应的是组织体系，主要指组织职能和岗位责权的调整与配置。而"无"本身也是一种存在，所谓"有多有少有大有小终有限，无多无少无大无小终无限"。"无激励"不是说一般意义上的"没有激励"，而是通过"去领导化"释放员工主动权，通过"去审批"提高员工工作效率，通过"去部门"消除跨边界障碍，通过"去科层"取消上下级关系，通过"去岗位"真正实施责任到人，再通过规范化个体行为、标准化工作流程、体系化运营过程、数字化资源数据和平台化供应生态系统，让员工向着内心深处最感兴趣的工作方向努力。每个人都选择自己喜欢的工作，每个人都是这种无边界、无领导状态下

㊀ 老子. 道德经 [M]. 北京：中国华侨出版社，2014.

的"自由体",从而充分激发员工由内而外的主观能动性和创造性,实现人人自治。

　　机制的本意是有机体的构造、功能及其相互关系。酷特智能是在共同目标的驱动下,以科学健康的机制高效运行的有机体,其运行机制可以从激励机制、制约机制与保障机制三方面来理解。①激励机制是调动活动主体积极性的一种机制,有专家把现代经济学比喻为激励机制的科学,这充分说明了激励机制的重要性。一般来说,人在轻松惬意环境下的状态与行动是最佳的。酷特智能对员工秉持"不管就是最大的关怀"的理念,通过"五去"让员工的人性真正得到释放,从而使其更好、更快地自由发展。②制约机制是保证管理活动有序化、规范化的一种机制。酷特智能将组织层级间、部门间、利益团体间所有的边界全部去除,通过"五化"过程让这些单独的节点相互联系,通过合理的机制和规则让员工的"小目标"与企业的"大目标"对接,使企业看似无序,实则井然有序,所有员工都各司其职,干得越多,所得越多。③保障机制是为管理活动提供物质和精神条件的一种机制。酷特智能在员工的物质与人文关怀上下足了功夫,除为员工提供舒适的工作环境、丰厚的薪酬待遇与和谐的文化氛围之外,还在尊重员工自主意识的同时,为其智力投入给予相应的物质回报,如员工的工作时间相对更自由,在完成计划任务之后,可自行选择是下班休息,还是继续工作以获得更高的绩效工资。再比如组织生态运行过程中,出现无章可循或发生异常情况时,当事人可以自主发起强组织,一方面,在解决实际问题的过程中,员工可以向公司及同事证明自身的能力;另一方面,对于成功发起强组织并给出解决方案的员工,集团还会根据事件效益的大小给予奖金报酬,同时以积分的形式记录到该名员工的个人绩点中,作为年终大奖的考核标准之一。

水式自我管理的成效

《道德经》认为最高的领导境界就是"太上,不知有之"。管理者要从前方的控制者转变为幕后的支持者,"以圣人处无为之事,行不言之教",赋予员工自主权利。[一]

《资本论》中,马克思简明地把社会主义和共产主义称为"自由人联合体",是比资本主义社会"更高级的、以每个人的全面而自由的发展为基本原则的社会形式"。自由是马克思主义的核心价值观,要实现人的彻底解放,使人成为"完整的人""真正的人"和"自由的人"。

什么是自由人?自由人是清醒的人;自由人是热爱并善于学习的人;自由人是追求幸福的人;自由人是诚实勇敢、坚强乐观、不落窠臼的人;自由人是与他人和谐相处的人。

酷特智能是如何实现自由人的呢?酷特智能家庭式细胞单元组织是自由的细胞共同体,员工只需要根据云端数据的赋能自主完成工作,需要其他同事协同时,自愿组成一个细胞单元;员工请假不用层层请示和审批,只需要和细胞单元内的成员协调好时间安排就可以了;遇到问题或困难时,可以发起强组织,由强组织来帮助解决。酷特智能网格化组织是自由的组织,点对点的网格化组织使得员工不再受岗位边界的束缚,员工成为自驱动的功能体。

[一] 胡国栋,李苗. 张瑞敏的水式管理哲学及其理论体系[J]. 外国经济与管理,2019(3):25-37;69.

《尚书》倡导的"协和万邦",《左传》提及的"如乐之和,无所不谐",如今习主席提倡的人类命运共同体,无不涵盖和谐方能实现可持续发展的思想。义利合一、自治共治的酷特智能正是无数自由人构建的命运共同体,他们基于共同的价值观,消灭了异化和对立关系,携手努力,共同发展。命运共同体中的每个自由人不再片面追求丰厚的收入,而是成员以自我约束、自我完善的思想境界,以团结协作、和谐共处的精神风貌,实现自身的全面可持续发展。

第 3 章

探索数据黑洞

随着企业在创新边缘的不断探索，数据资源成为企业提升战略柔性、巩固可持续竞争优势的关键资源，它能够在一定程度上提升企业克服不确定性的能力。[一] 数据如海，企业似舟。当企业畅游在数据的海洋中时，它便拥有了感知和洞察一切潜在价值的能力，只需点燃自我便能够为这片海洋中的每一个个体指明方向，引领它们一同探索未知的领域。任何企业都无法否定，当它们拥有海量数据资源时，便获得了一片亟待挖掘的宝藏。或许不久的将来，所有企业都将成为数据运营公司。

面对浩瀚如海的数据，企业探索并掌握进出"黑洞"的钥匙是大数据时代出奇制胜的关键。让我们一起揭开数据在酷特智能发展中的"神秘面纱"。

[一] 孙新波，苏钟海. 数据赋能驱动制造业企业实现敏捷制造案例研究 [J]. 管理科学，2018(5):117-130.

数据网联

数据固然能帮助我们看透笼罩在创新业务和产品周围的不确定性阴霾，但这需要长时间的数据沉淀和累积，最终才能实现潜在能力的激活。[1] 酷特智能经过多年实践，在服装个性化智能定制领域，摸索出了一条自主创新的发展道路，形成了独特的核心价值，产生了良好的社会和经济效益。[2]

进入酷特智能的智造工厂，首先映入眼帘的是其场内物流系统和流水线。进一步观察可以看到，在这些流水线上生产的每件产品都截然不同，而实现这些不同的正是我们无法用肉眼看到的成千上万的数据。场内物流系统上的每组物料都像是在复杂立交桥上的无人驾驶汽车，在一只"看不见的手"的指挥下顺畅穿行，就如电影《黑客帝国》中展现的那样，有一个母体在黑暗中操纵着一切。不同工序和不同物料在"看不见的手"的指挥下，通过精确的信息编码，实现数据驱动下的工业化标准流程。

承载用户主权的时代需求，酷特智能将工业化与信息化高度融合，利用大数据驱动流水线制造个性化产品，它的核心竞争力隐藏在各个环节中的数据流中。那么数据网联背后的内涵、逻辑和思维又是什么呢？

数据网联内涵

数据于酷特智能而言并非是单纯的无形物质，而是以有形之质的形态贯穿于整个生产流程中。酷特智能的数据网联从数据获取开始，经过数据整个流程的闭环反馈，形成公司由上及下、自下而上的网联状态。

---

[1] 桑文锋. 数据驱动：从方法到实践 [M]. 北京：电子工业出版社，2018.
[2] 酷特智能官网. http://www.kutesmart.com/web/about/company.html?pid=1.

在这张数据网络中，酷特智能如何通过闭环的数据结构实现数据网联？在数据相互转化的过程中，酷特智能如何利用这只"看不见的手"进行指挥，以实现流水线整体高效协同的呢？

1. 数据闭环

一是数据的来源。用户通过线上酷特云蓝 App 或者线下量体师，将自己所需服装的面料、款式、颜色、尺寸、形体及其他细节等提交至酷特智能的定制平台。在数据流入酷特智能之后，它会被转化为可供制造商、供应商和服务商识别的数据流，包括信息流、资金流以及物流等全套原始数据，并通过数据培育的方式，提高数据转化效率与能力。⊖

二是数据的挖掘和计算。酷特智能开发了自己的算法模型，利用自行研发的信息系统将用户的需求自动转化为生产服务数据，包括设计、研发、调度、生产和排程计划等，自动驱动外部供应商和物流商、内部相应部门和车间班组，实现全过程的数据驱动。比如，用户需求的数据经计算和匹配后生成原辅料需求数据，可以实时共享给原辅料供应商；供应商可以提前准备原材料，不仅能提高生产效率，缩短生产周期，而且有效降低了库存，提高了用户满意度。

三是数据的闭环反馈。酷特智能的员工通过内部运营系统终端刷卡的方式从网络云端获取制衣数据，进而驱动工位上的相应工作，这就是有形之质。全程数据驱动保障了制造生产的规模与效率的双元平衡与兼得，与工业时代泰勒制的"效率观"形成鲜明对比，形成了数据驱动下的"效能观"。

⊖ 微信公众号"云说管控"。

2. 从闭环到网联

两个灯泡串联，关闭开关之后两个灯泡都会熄灭；两个灯泡并联，关闭任一条支路的开关均不会影响另一个灯泡的运作。酷特智能是否有类似的现象呢？酷特智能的"物理实验"更加神奇，区别于"串、并联电路"，利用数据的流性特点，打造了一套独特的"网联电路"。这种网联电路是如何运作的呢？

用户需求以数据流的形式在整个生产链条上流动，数据流的共性跨越了生产各场景的差异性，为酷特智能打通了大规模流水线与个性化定制的"任督二脉"，一方面提高了生产线的工作效率，另一方面提升了流水线的效能。与此同时，数据以网联的形式打通供应商、生产商、服务商和用户之间的阻隔，实现多方互联互通。毕达哥拉斯称"万物皆数"，无论个人的日常生活，还是企业的业务发展，都和数据密切相关，从个体、团体到组织和企业都被"数"包围着。酷特智能通过数据的并行流动构建数据网联状态，实现上下游企业之间的协同发展，打破企业固化边界。对数据社会而言，如何打破企业边界，实现企业间的高效交流是传统制造企业转型升级的重要一步。

传统制造企业的生产和销售逻辑是"卖方市场"，最典型的特征就是"我生产什么用户就买什么"。不难看出，随着市场结构的逐渐进化、用户主体地位的逐渐提升和大数据资源的逐渐开发，卖方市场会向"买方市场"的逻辑偏移。当需求侧的砝码逐渐增加时，供给侧的主导地位一定会向需求侧转移。酷特智能将市场的砝码压在需求侧，突出用户的主体地位，形成了用户驱动生产、供应商、服务商的网状结构，这种结构的基石正是酷特智能所秉持和坚守的力量——数据驱动逻辑（见图3-1）。

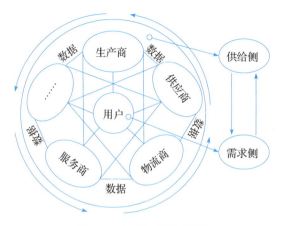

图 3-1　数据网联逻辑图

从数据闭环到数据网联是酷特智能对数据利用的进化，这种进化既体现了数据流性的特点和数据的网络状态，又体现了酷特智能对数据特性的感知和把控。流动的数据是集团能够付诸实践的资源，是集团打造"网联电路"的重要依托，同时也是集团实现数字化转型升级的重要资源。

数据网联逻辑

数据是酷特智能最核心的资产，从数据的采集、应用到数据的全程驱动，集团的工厂从表面看跟传统的工厂没有区别（见图3-2），还是那些工人、设备和普通的资源配置，最大的区别是隐藏于各个环节中的数据流。数据流是实现整个工厂个性化定制最重要的资源。在酷特智能看来，数据驱动的方式让整个工厂宛如一台巨大的3D打印机，通过3D打印机生产出个性化定制的服装，这便是酷特智能的独门秘诀：基于3D打印逻辑的数据驱动，也就是网联电路的内在生产逻辑。

数据治理：酷特智能管理演化新物种的实践

传统意义的 3D 打印是快速成型技术的一种，是一种以数字模型为基础，运用各种材料，通过逐步打印的方式构造物体的技术，[一] 这种技术可以有效缩短从设计到制造的周期，实现生产与制造的自动化。这一技术能使某些传统消费品根据需求进行"本地化打印"，为大规模个性化定制的实现提供技术支撑。酷特智能认为工厂管理模式应从人工调度转向数据化智能驱动，在完全打通信息流的基础上，实现需求确认、研发、设计、打版、匹配、计划、调度等管理的数据化和智能化，代替传统的业务员、设计师、制版师、采购员、计划员、调度员和统计员等岗位，一切均靠数据驱动。每个员工就像一个 3D 打印的零件，伴随着 0 和 1 的变奏，一条条用户个性化的需求数据流入"打印机"，一件件定制化服装流出。通过数据网联逻辑，需求侧和供给侧不停地交互，形成了需求与满足需求的数据生态系统。

图 3-2　酷特智能车间

[一] 克劳斯·施瓦布. 第四次工业革命 [M]. 北京：中信出版社，2016.

酷特智能的数据系统从零开始构建，最开始的数据积累阶段最艰难，所有的数据都是历经几年反复试验和试错后积累、优化、迭代、成长和进化来的，最终实现了全程数据驱动。正是数据与数据之间的持续反复交流碰撞，使酷特智能的数据系统由小到大，由弱到强，由阻到通。在这个过程中，版型数据、款式数据、工艺数据和 BOM 数据的迭代成长进化是核心支撑。这些数据在 3D 打印逻辑驱使下，使酷特智能的网联电路如同有机体一般生生不息。通过数字化的工具和手段，将管理升级为治理，使用户和资源得以优化配置，大数据正是酷特智能真正的核心资产。

数据网联思维

互联网时代有三种力量正在加速改变我们的生活和行业：第一，几乎所有的信息都能够在网络上找到，关键是如何处理并使用这些信息；第二，云计算让企业能够以数据资源为基础，实现产品和服务的精密计算；第三，数据已经成为企业塑造竞争优势和提升行业地位的关键资源。通过数字化转型快速转换数据资源，提高盈利能力，首先要变的是思维，当企业有了数字化时代的思维，它所拥有的海量数据才有产生价值的可能。酷特智能准确把握并及时响应，将这三种力量兼收并蓄，以数据化思维指导个性化生产。

1. 大数据思维

大数据的战略意义并不在于掌握了庞大的数据信息，而在于是否有能力对它们进行标准化和专业化的处理，从而挖掘出数据背后隐藏的价值。这需要提高对数据的"加工能力"。对传统制造企业而言，若是对数据的重视程度不够，就会被时代淘汰，所以无论企业是否已经开始使用大数据赋能商业生态，都应该有大数据的意识与思维。那么，大数据思维的核心原理是什么呢？

（1）数据价值原理。前互联网时期的产品，功能一定是它的价值；互联网时代的产品，数据一定是它的价值。有人将数据比喻为蕴藏能量的煤矿，煤炭按照性质有焦煤、无烟煤、肥煤、贫煤等分类，而露天煤矿、深山煤矿的挖掘成本又不一样。与此类似，大数据并不在"大"，而在于"有用"，价值含量、挖掘成本比数量更为重要。

（2）效率原理。大数据标志着人类在寻求量化和认识世界的道路上前进了一大步，过去不可计量、存储、分析和共享的很多东西都被数据化了，大量数据和更多不精确的数据为我们理解世界打开了一扇新的大门。大数据能提高效率，原因是它能够让我们知道市场的需要。大数据让企业的决策更科学，由关注精确度转变为关注效能的提高，用关注效能的思维方式思考问题、解决问题。过去寻求精确度，现在寻求高效能；过去寻求因果性，现在寻求相关性；过去寻找确定性，现在寻找概率性。大数据为企业更加高效地处理事务奠定了基础，从而提高了企业决策的效用。

（3）相关性原理。因果关系是人类理性行为与活动的基本依据。人类理性本身不可能否定因果关系，但大数据所凸显的相关关系，从实践层面实质性地推进了对传统因果概念的深入反思。㊀ 大数据思维最突出的特点，就是从传统的因果思维转向相关思维。在大数据的世界中，任何事物都可能相互关联，其相关关系应当在因果关系中找到定位。关注

㊀ 王天思. 大数据中的因果关系及其哲学内涵［J］. 中国社会科学，2016(05):22-42，204-205.

相关性原理并非是抛弃因果关系，而是需要对事物间的因果概念进行新的刻画。在大数据中，因果关系为相关关系提供了哲学根据；此外，因果性在更深层次上关系到大数据的哲学意蕴。[一]

酷特智能能保持领先地位，正是因为它在关注效能的同时维持数据获取和匹配的精确度，在关注相关关系的前提下注重因果思维。公司以大数据思维探寻数据与数据、数据与员工以及数据与公司之间的因果性，通过数据进行精准预判并利用新技术和新模式贴近用户需求，每个环节都以数据驱动来实现。

2. 用户思维

用户思维是互联网思维的核心，是指在价值链的各个环节都要"以用户为中心"去考虑问题。[二]以用户为中心并不是刚冒出来的概念，但为什么在互联网大数据蓬勃发展的今天，用户思维显得更加重要呢？

（1）用户需求画像。用户体验和参与感于用户而言是主权回归的重要体现，酷特智能的按需定制就是对用户参与感的重视。将用户纳入服装设计环节，以其独特的需求数据作为一切生产和服务的出发点。用户需求信息实时与供应商分享，有效填补了信息交互的断层，弥补了信息不对称所带来的用户需求响应慢、交货延误以及信息决策能力差等问题。

大数据体系下的用户思维其实是以"用户画像"为核心和基础的，通过线上及线下、交易与交互等各种结构化和非结构化的数据，让用户更加完整地展现在企业面前：该用户是谁？他在哪里？怎么联系到他？他需要什么产品？他通过哪些渠道购买？他的购买习惯是怎样的……在

[一] 王天恩. 大数据相关关系及其深层因果关系意蕴［J］. 社会科学, 2017(10):115-122.
[二] 赵大伟. 互联网思维：独孤九剑［M］. 北京：机械工业出版社, 2014.

完整的"用户需求画像"面前,企业相当于面对"裸泳"的用户,如何安排并指挥生产、如何提供精准的服务、如何满足大范围用户的多样化需求等问题便迎刃而解了。

(2)用户需求分析。面对差异化程度较高的用户需求,如何快速精准地做好用户需求分析呢?

一方面,酷特智能经过多年的潜心探索,建立用户池,搭建数字化平台,为用户需求分析扫清道路。大数据时代,任何数据都是有迹可循的。酷特智能借助大数据平台赋能商业生态系统,通过相互关联的数据连接梳理,搭载"数据+产品+平台"生态链条,可以得到用户以及合作企业的独特需求,从而对上下游产品和服务的提供者产生反推作用力,最终实现精准生产和精准营销。用户的庞大需求数据在保密的基础上全部在线记录,以便未来可以重复使用。对于用户上传的差异较大的数据,数据库会自动进行数据匹配,以提醒用户上传的数据是否准确。

另一方面,用户思维要求企业从用户需求出发,针对用户的个性化需求提供个性化的产品和服务。无论是用户的显性需求还是隐性需求,酷特智能总能立足于用户,通过一次次数据修订和完善来提高对用户需求数据的响应速度。酷特智能面对定制平台上用户所提交的多样数据,利用平行治理的思维,打通用户与供应商之间的藩篱,将供应商与用户需求绑定,在避免原料浪费、供应链环节冗余的情况下,提高供应链运营效率与柔性。

酷特智能以用户思维在数据化智造领域深耕多年,从用户需求画像和分析两方面明晰用户需求内容,将其转化为供应商供料、企业生产、流程优化等过程中所识别的数据形式,从而满足用户更深层次的个性化需要。

数据穿越

酷特智能的数据驱动理念体现在其对数据能力探索和产业跨界融合上。数据能力探索是酷特智能利用数据赋能员工与生产流程的先决条件，它主要包括可视数据管理和数据属性探析两个方面。产业跨界融合是酷特智能在挖掘数据能力、探析数据本质的基础上将数据与智能制造、产业相互联结，从而提高数据的共同价值。

数据能力探索

1. 可视数据管理

酷特智能可视数据根据实际的订单流实现资源的动态排程。从可视数据全局性的角度来看，一方面酷特智能的可视数据是实时动态的，通过数据灵活流性的特点对生产流程进行动态排程，将大量离散的用户需求数据转化成生产数据，最终达到的效果是全部资源的配置和所有涉及资源的流程的全局优化，实现供应生态全要素效率的提升，由关注点效率的观念转变为关注全流程、全资源的效率，从而为家庭式细胞单元的每个节点提供精准的数据。酷特智能的管理者可以利用自主研发的智能系统，从后台随时随地掌握实时经营数据，为战略决策提供依据。另一方面，酷特智能的可视数据能够实现事先预警、事中数据捕获和事后全程追溯，保证可视数据资源的合理运用。具体表现为生产流程优化和流程优势发挥两方面。生产流程是以员工为主，酷特智能的员工根据可视数据自主管理，从而在发挥个人主观能动性的基础上优化流程效率，进一步发挥生产流程中个人与数据的纽带关系，从而巩固可视数据为生产流程所带来的灵活、动态、全要素以及人性等优势。

酷特智能的可视数据管理的关键点如下：

- 关注全流程、全资源的效率。
- 根据需求动态排程。
- 数据指挥员工工作。
- 组织管理转向员工自治。
- 全流程数据驱动。

可视数据管理如图 3-3 所示。

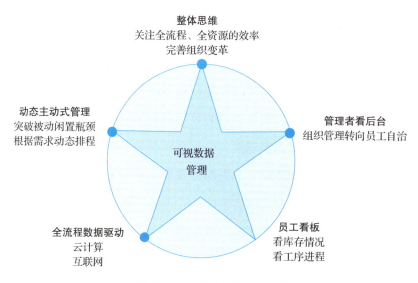

图 3-3　酷特智能可视数据管理

2. 数据属性探析

随着数字化技术的发展，数据成为一种链接物理空间与虚拟空间的代码，任何事物都可以被编制成代码或算法，数据似乎真如毕达哥拉斯所阐释的那样具备了解释万物的潜力。

随着工业 4.0 的到来，大数据技术在工业领域的广泛应用使得数据超越了信息的固有属性，从更加广泛的维度影响着企业价值创造的各个环节。传统资源基础理论中的核心资源是以企业所拥有的能力、路径和人才为主要研究对象，而在工业化与信息化融合后，数据作为企业的独特资源，有效改善了企业全流程的运营效率，促进产业跨界融合，衍生出诸多前所未有的商业模式。数据已经超越知识、土地、资本、人力和企业家精神等传统资源要素，成为企业在当今时代塑造卓越竞争优势的关键资源。那么，数据资源究竟与以往资源有何不同？

酷特智能工程系统总经理李金柱常以"面粉、馒头和能量"的比喻来解释数据、信息与知识的关系。他把数据比喻成面粉，信息比喻成馒头，知识比喻成能量。面粉经过加工制成馒头，馒头被人食用转化为机体的能量。数据是对原始现象的数字化、编码化、序列化和结构化的呈现；信息是数据在信息媒介上映射处理生成的有价值的数据；知识是对信息进一步加工和提取而产生的有价值的信息。这一比喻在揭示数据、信息和知识三者之间微妙关系的同时，也暗示了数据资源的潜在属性。数据本身可能并没有价值，其价值的产生在于企业是否有能力对数据进行分析与处理。由此看来，数据资源首要的显著特征在于数据本身，更准确地说应该是大数据本身的海量性与多样性。酷特智能历经十多年的探索，具备了用七个工作日驱动全球相关资源满足全球男装个性化定制需求的能力，可想而知其数据资源的存储量之大、处理能力之强。面对如此规模的数据体量，企业需要通过强大的处理能力对数据进行采集、识别、清洗、切割、组合、存储和计算，以实现对数据资源的实时分析、挖掘和应用。在这一过程中，数据资源由静态资源转向动态资源。动态数据资源影响的不单单是企业生产经营流程中的某个环节，而是全面渗透在价值创造的每个节点，从而使每个节点响应用户需求的能力得到质的飞跃。

数据驱动下的价值创造是数据资源输入、过滤、传递、碰撞和输出的反复、动态过程。从这一过程视角解读数据资源的属性，便得到前端初始导向的价值可挖掘性、中端过程导向的同频与实时传递或共享性，以及后端结果导向的主体赋能性。数据资源的属性不同于传统静态资源强调价值性、稀缺性、难以模仿性和不可替代性，动态情境是数据资源价值释放的必要条件，企业需要从过程视角考虑数据在经营管理全流程的合理渗透与应用。

数据资源的属性对资源基础理论的基本假设（资源在企业间呈异质性分布与资源在企业间难以转移）造成了前所未有的冲击，即不同企业可以通过数据采集的手段从外部获得同一类型的海量数据资源，企业并不能凭借数据资源的占用而获得独特的竞争优势，相反，企业需要使其在不同主体之间传递，甚至是在同行企业之间进行有价值的资源共享活动。与此同时，数据资源将资源的概念拓展至动态层面，即数据资源价值的释放在于企业能否合理地动态化利用。总体而言，数据资源的探索刚刚起步，对于数据资源的理解不能仅仅停留在应用技术层面，单纯地将数据作为一个手段显然会使企业陷入盲目追求"智能化技术"的陷阱。因此，首先应该清晰地意识到数据是一种动态资源的本质，再思考数据价值创造的内在逻辑，设计数据能够发挥作用的流程、环节甚至是每一个具体的节点，不断创新数据资源的应用场景、技能和方法，形成具有普遍性与操作可行性的方法论体系，最终才能实现数据资源赋能的价值。

产业跨界融合

1. 数据与智造模式

酷特智能通过实践发现，在生产或服务的各个环节都会产生数据，包括文件、资料、模具和经验、工艺和流程、用户和员工，这些信息、指令和语言都是工业大数据的一部分。日常生产经营产生的数据汇聚成数据流，通过算法、模型裂变成海量数据。大数据与产业的融合正是以数据流带动技术流、物质流、资金流、人才流和服务流，以用户的数据驱动供应商、生产商和服务商等全产业链资源，实现资源优化配置和全要素效率的提升。

智能制造正是大数据与产业融合的制造模式，人的智慧通过数据驱动才能成为创造价值的能力，机器、设备和产品只有通过数据的交互才能懂得人的情感和需求，才能实现个性化产品的工业化生产，实现人机一体化的智能制造。酷特智能建立了以用户需求数据驱动大规模定制的全价值链的智能制造体系，使得传统的"大规模制造"转型为数据驱动的"个性化大规模定制"。

2. 数据与产业融合的三个突破

（1）创造了数据驱动的智能工厂。酷特智能将大数据技术、网络技术和3D打印逻辑等科技手段和理念深度融合并应用到企业中，打造了"全球唯一的完全以需求驱动的智能制造工厂"。全价值链的运营体系完全由数据驱动，全球实时响应，全价值链高效协同，所有员工在线而非在岗工作。

（2）创造了产业融合的解决方案。酷特智能通过提炼关键要素再创新，创造了传统企业转型升级的终极解决方案，助力传统产业实现转型升级。酷特智能的经验证明，与大数据、网络与科技的深度融合是传统企业实现转变的根本路径；虚实平行交互，是转型升级的关键过程要素。

（3）创造了C2M工业供给平台。C2M工业供给平台是一套完全由需求数据驱动制造、由制造商直接满足需求的商业逻辑。制造企业不再依靠中间商、代理商和渠道商主导销售，而是直线供给。C2M工业供给平台彻底颠覆了传统的制造业微笑曲线，企业获得了充足的利润空间。

如果把数据比喻为一堆参差不齐、良莠难分的木材，那么酷特智能就是这样一位能工巧匠，它以"匠人"为本，以"匠心"为质，以"匠魂"为核，化腐朽为神奇，变弃物为珍宝，把普通的木头雕刻成价值连城的木雕。酷特智能就是这样一家公司，本着有益于社会文明进步这一终极愿景[一]，实践了需求与供给最佳匹配的供给侧结构性改革。

数据共振

共振现象

共振效应是物理学上的一个概念，在社会生活中，共振效应也常被引申应用到其他方面。大家都知道一个常识：军队过桥梁时不能齐步走，原因就是军队齐步走会形成共振，它产生的力量足够踩塌一座桥梁。企业管理者和下属、下属与下属甚至员工与机器之间若能够形成共振，便能无往而不胜！没有同向就没有同步，有共振才能产生共鸣。

[一] 酷特智能官网. http://www.kutesmart.com/web/about/culture.html?pid=1.

共振奇迹

协同起源于希腊语 synergos，意为共同行动、协作。安索夫（Ansoff）于 1965 年研究战略管理的时候首次使用了这个词，用以强调团队协作效果优于个体工作量的简单叠加之和。我国的协同思想最早可追溯到先秦时期，老子、庄子和明末的王夫之等都对"协同思想"进行了阐述。庄子认为万物合一①，《周易外传》讲"分一为二"与"合二为一"②，无不揭示着事物内部对立统一、和谐共生的协同思想。

协同理论指的是，当一个系统在与外界进行交互时，系统内部的各个组成部分之间或者是子系统之间会产生某种联系并相互影响，最终会自发形成一个新的有序的结构。③协同管理理论指的是组织为了达到其目标，在变动的环境中，整合各种资源，协调人员、组织和环节之间的匹配关系，产生协同效应，实现优化所有活动和过程的目的。④

酷特智能充分利用了人、流水线模块以及数据之间的共振效应，追求动态平衡。每个模块都可以有很多种选择，模块化越精细，排列组合就越多，个性化定制的程度也就越高。人、机器和数据之间的共振，产生了一种系统性协同力量。

1. 流程中的协同共振

酷特智能的数据在生产现场并非是肉眼可见的，但可以切身感受到，

---

① 南怀瑾. 庄子南华 [M]. 台北：东方出版社，2014.
② 黄寿祺，张善文. 周易译注 [M]. 北京：中华书局，2018.
③ 许应楠. 乡村振兴战略下农村电子商务精准扶贫路径重构——基于协同理论视角 [J]. 商业经济研究，2019(8):80-83.
④ 林晓伟，余来文. 协同管理：互联网时代的商业智慧 [M]. 北京：经济管理出版社，2018.

各个工位忙碌但有条不紊的状态就是证明。每一次前端数据的变化,都会驱动相关工序的调整;每一个工序的工艺优化方案,都会同步优化到其他同类工序上;每一次强组织的创新,都会形成系列解决方案;每一项质量问题的发现,都会在系统内举一反三、及时调整修改……整个流程不断优化,数据不断积累,实时计算,同步优化,持续迭代。

在酷特智能的生产线上,现代化的流水线设备与员工的一针一线结合在一起,在活生生的人和冰冷的机器之间产生了一种奇妙的联系。流水线的员工可以从网络云端获取作业所需要的精准工艺;供应合作商可以在平台上实时获取库存信息。人、数据和机器三者达成高效耦合的联动关系,从原材料采购到成品配送,彼此之间有机衔接,使得隐性知识显性化、经验知识工具化、模糊数据具体化、离散数据结构化以及传统工序智能化,从而实现了流水线生产由效率到效能的飞跃(见图3-4)。

图 3-4　流程中的协同共振

2. 模块内部的协同共振

以西装定制生产为例,酷特智能将服装元素拆解为领型、袖型、扣型、口袋型等多个模块,形成了工艺数据库、版型数据库、款式数据库和 BOM 数据库,每个用户都可以进行面料、款式和颜色等的多种选择。酷特智能基于大数据深度学习的排列组合,支持全球用户的个性化自主设计,真正做到了"一衣一款"。如果用户的特殊需求超出了现有数据库的范畴,设计师可将用户特殊要求的元素添加到数据库中,使款式组合得到丰富,用户的选择余地越来越多。当用户设计的个性数据进入智能用户交互系统后,系统会自发进行服装节点数据的动态调整和最优匹配,一个节点数据的变化会同时催动上万个节点数据同步改变,直至实现。

酷特智能的协同共振,是从数据治理产生的协同效应开始的。数据激发了生产的活力,改变了人对世界的认识,催生了先进生产方式和组织变革——看似没有生命的数据却驱使着治理模式向自然回归。酷特智能治理理念体现在对规律的尊重和对个体主观能动性的充分发挥上。人性回归、数据驱动和自然治理的方式使得人、数据以及机器之间形成了良好的协同氛围,实现了从管理到治理的飞跃(见图 3-5)。

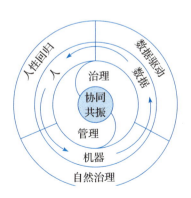

图 3-5 模块内部的协同共振

数据治理：酷特智能管理演化新物种的实践

量子思维

酷特智能的数据治理理念是：正本清源、平行治理、需求导向和数据驱动。正本清源，在企业发展战略上是指固守主业，不忘初心；在管理上是指尊重规律，还原人性。大部分制造业企业均是人操纵机器，员工每天面对冷冰冰的机器，机械地完成当天的工作指标。但是酷特智能相反，人、数据和机器的协同共振从根本上解放了员工的生产力，家庭式细胞单元加强了员工之间的合作交流，提高了员工工作的积极性和创造性（详见第1章）。正本清源、需求导向以及数据驱动不仅以消费需求为根本，更满足了人的自主性、开放性以及合作性的发展诉求。平行治理直接解决用户与供应商之间信息不对称的问题，供应商直接根据用户的个性化需求准备原材料，大大缩减了服装交付期限，降低了产品以及原材料库存，这种平行交付和平行传递的治理方式是酷特智能提高生产效率的重要法宝。基于物联网技术，多个信息系统的数据得到共享和传输，打通信息孤岛，打破企业边界，多个生产单元和上下游企业通过信息系统传递和共享数据，实现了整个产业链的协同生产。

传统管理思维压制了员工的人性，阻碍了员工创造性的发挥，而在酷特智能，家庭式细胞单元的出现以及平行治理的思维促生了量子思维。量子思维是自省性的、创造性的和有洞察力的直觉性思维，它根植于人类内心深处的意义感和价值观，并受意义感和价值观的激励。⊖酷特智能平行治理的方式是量子思维的萌芽，注重以人为本，尊重员工的价值以及用户需求，力求以最简单、最省时和最人性的方式改变人们

⊖ 孙新波. 管理哲学［M］. 北京：机械工业出版社，2018.

对传统制造业的认知。众所周知，串行思维囿于规则，并行思维囿于习惯，这两种思维都使人类局限于单一模型或单一视角。爱因斯坦有言："我们不能用制造问题的思维来解决问题。"平行治理的出现革新了传统制造业企业的交互逻辑，正是量子思维在酷特智能的体现。通过培养量子思维，企业的领导者善于用动态的视角审视管理问题，从而在应对瞬息万变的现实情况时，能随时产生新的灵感并制定新的战略。在整个制造行业面临升级的情况下，酷特智能勇于转型，用数据赋能整个企业生态，用平行治理巩固创新与合作资源，用量子思维激发员工的价值感，这好比是数据海洋中拔锚起航的邮轮，一经起航，便勇往直前！

第 4 章

倾力流程变革

传统服装生产模式是以企业为中心，企业对用户需求进行预判，然后进行大规模流水线生产。这种标准化的批量生产模式确实提高了生产效率，但也导致同行业竞争日益白热化，服装业的利润严重下滑。由于缺乏对市场需求的精准预测，标准化生产直接导致了同质化服装产品的库存积压、资金回流变慢，很多企业因为库存压力而濒临破产。虽然有企业意识到向个性化定制转型的迫切性，但是个性化生产周期漫长，前期更需要投入大量的资本进行生产线改造，大多数企业只能望洋兴叹。大数据技术的发展催生了制造模式的深刻变革，赋能流程实现了效率、柔性和成本的三元平衡，这无疑给转型中的企业送去了希望的曙光。

流程变革是制造业企业摆脱大规模生产的必然选择，也是满足用户个性化需求、保证高质量制造的重要支撑。本章就流程变革的缘起、过程和效能进行分析，深入解剖大规模定制实现的机理，为制造业企业的流程变革提供启示。

定点突破

流水线起源

1769年，英国人乔赛亚·韦奇伍德开办埃特鲁利亚陶瓷工厂。当时，制陶工艺复杂，陶器生产效率十分低下。韦奇伍德为了改变这一局面，提高陶器产量，决定在工厂内采用精细的劳动分工。他将传统的制陶流程划分为一个个专门的工序，由不同的人完成。在这种方式下，制陶工匠由挖泥工、运泥工、拌土工、制坯工等共同组成。工匠们相互协作，服从工厂的统一管理，共同完成陶器生产。韦奇伍德采用的工作方式大大提高了陶器的生产效率，符合现代意义上流水线的定义，是可追溯的较早的流水线工作方式雏形。但由于当时信息传播手段落后，韦奇伍德未能普及这一方式，之后的一百多年，流水线作业并未得到推广。

流水线工作方式得到大规模运用始于福特公司。在现代工厂出现之前，汽车完全由手工作坊制作，完成一辆汽车的生产平均需要728个人工小时。在当时的美国，汽车的年产量仅为12辆，其高昂的价格让普通人望而却步，汽车成为富人的标志和象征。亨利·福特作为福特公司的创始人，始终致力于"让汽车成为大众化的交通工具"。如何让汽车的消费更加平民化，让普通大众也买得起汽车？福特认为，只有提高汽车的生产效率、降低生产成本，才能实现大规模生产，降低汽车的价格。手工生产方式一般通过减少品种、加大批量来降低成本，但少品种、大批量难以运用到汽车生产中。福特提出在汽车组装中,汽车底盘在传送带上以一定速度从一端向另一端前行,前行中逐步装上发动机、操控系统、车厢、方向盘、仪表、车灯、车窗玻璃和车轮,一辆车就组装完成了。这一新型生产方式被称为流水线。1909 年,当 T 型轿车以传统方式进行装配时,产量为每小时 7.5 辆;到 1914 年,流水线的使用使得生产量提高到了每小时 146 辆,这一生产效率震撼了福特公司的竞争对手。

流水线之后,福特开始谋求汽车制造方法的标准性和普及性,试图在任何一家工厂按照相同的方法制造 T 型汽车。无论福特汽车在何地生产,其全部零部件中的 85% 是可互换的,其余零部件的制造主要根据各个国家的规定分别生产。工厂内部的工作分工并不是完全一样的,但其差异比流水线出现前要小得多。在流水线的发展中,标准性逐渐成为它的主要特点。

福特公司通过将汽车生产的整体过程分解为若干子过程,各个子过程在流水线上并行作业,实现了大规模、标准化、少品种的汽车生产,结束了过去手工作坊式的汽车生产,极大提高了生产效率,降低了生产成本,使得"让汽车成为大众化的交通工具"的梦想成真,推进了世界汽车工业文明的发展。流水线生产方式不但推动了工业生产方式的革命,而且对现代社会的政治、经济和文化产生了深远的影响。一些社会学家对福特流水线出现后的社会变化进行研究,称其为"福特主义"。福特主义是资本主义社会的一种特殊历史形式,是以泰勒制劳动组织和大规模生产消费性产品为特征的密集型资本积累战略。⊖福特主义致力

⊖ 金璐. 基于泰勒科学管理思想的流水线管理模式浅析[J]. 时代经贸,2011(20):125-125.

于把纪律惩戒和剥削都提高到前所未有的程度。

20世纪70年代，美国经济进入"滞胀"时期，福特主义面临发展危机。这一危机的根本原因是，福特主义自身促进经济和社会发展的动力已被消耗殆尽，逐步沦为经济和社会发展的桎梏。流水线工作模式、泰勒制劳动组织将工人的剩余价值挖掘殆尽，资本利润率难以维持增长。福特流水线消灭了传统的手工业工人，但它所创造出的"群众工人"却成为资本不断增值的禁锢。

80年代初，西欧各国经济陷入困境，日本企业却获得巨大成功，在世界市场引起了巨大轰动，世界汽车市场开始被日本丰田汽车占领。与最初的美国福特流水线一样，日本的生产组织模式堪称新的典范，这种生产制度被称为"丰田主义"。丰田主义的优势是将流水线的机器负荷和利用率提升到一个更高水平，大大减少了机器的闲置和浪费，远超过福特主义。

丰田公司在当时的经济危机背景下，从丰田相佐诘开始，经丰田喜一郎及大野耐一等人的共同努力，综合了单件生产和批量生产的优点，创造了一种多品种、小批量混合生产条件下高质量、低消耗的生产方式，这就是"精益生产"。丰田的精益生产是以最终用户的需求为生产起点，强调物料平衡，追求零库存，要求上一道工序加工完的零件立即进入下一道工序，在必要时生产必要的量，其宗旨是消灭包括库存在内的一切浪费，最终实现拉动式准时化生产方式。⊖

丰田公司较高的流水线设备利用率是通过前后紧密衔接、紧凑安排

⊖ 刘静，孟韬. 从"福特制"到"丰田制"的演变——长春汽车产业的集群创新探析[J]. 市场营销导刊，2009(2):69-73.

的生产流程实现的。当产品完成上一阶段的生产后，会被立即送往下一阶段的生产区继续生产，前后的生产流程紧密衔接。丰田主义致力于减少仓库储备——在丰田公司，半成品零件的储存量最多不超过一个工人40分钟的工作需要量。

丰田主义的另一特点是生产的灵活性。日本企业在设计流水线时，首先考虑到市场需求的变化。当市场需求发生变化时，企业要能做出快速反应，依据新的需求状况调整流水线设备。在福特的观念里，一条流水线只用来生产一种类型的产品，不同的流水线生产不同的产品，流水线与流水线之间相互并列。当市场发生变化时，设备就会出现闲置与浪费，甚至沦为死资本。

从福特到丰田，代表着从大批量、少品种的集中化生产到小批量、多品种的分散化生产，从注重产品共性和数量到注重用户个性和服务，从以制造为中心到以客户价值增长为中心。丰田主义的精益生产模式的出现，标志着流水线定制开始崭露头角，但仍未彻底解决用户单件个性化需求与大规模生产之间的矛盾。

上述三种生产模式之比较见表4-1。

表4-1 三种生产模式比较

	生产模式	生产逻辑	创新效果	负面缺陷
制陶	精细分工	相互协作 统一管理	提高生产效率	传播范围有限
福特制	规模生产 标准集成	整体分解 并行作业	提高生产效率 降低生产成本	工人剩余价值被压榨，出现劳动生产率危机
丰田制	精益生产 个性灵活	按需生产 紧密衔接 紧凑安排	物料平衡 消灭库存	未解决单件个性化需求与大规模生产之间的矛盾

大规模定制

早在 1970 年,阿尔文·托夫勒在其著作《未来的冲击》中描绘了大规模定制的生产模式。1993 年,约瑟夫·派恩二世又补充和完善了大规模定制的内容。[一]

大规模定制生产模式的设想早已有之,但人类实现从大规模生产到大规模定制的跨越仍花费了 100 年的时间。在思想、技术和管理上产生的问题,阻碍了大规模定制的实现。

- 在思想上,"大规模生产是一种正确的生产模式"这一观念是自福特流水线出现后开始确立的,直到托夫勒提出"大规模定制"的概念,才打破人们的思维局限:原来流水线也是可以定制的。
- 在技术上,大规模生产的流水线技术相对简单并且日趋成熟,但大规模定制的流水线技术更为复杂和困难,第一次、第二次工业革命的科技发展尚没有达到实现大规模定制的技术要求,直到第四次工业革命中大数据、云计算、人工智能等技术的出现,才为大规模定制提供了充足的技术保障。
- 在管理上,大规模生产所崇尚的泰勒制、丰田制趋向于压抑人性,将人作为机器的一部分,漠视人的情感和精神价值,一味追求功利,而大规模定制则需要人发挥其主观能动性,将技术向管理回归,释放人性,近年来聚焦于人性的管理行为研究为大规模定制提供了新的思路。

[一] Pine B J. Mass Customization: The New Frontier in Business Competition [M]. McGraw-Hill, 1994:121-122.

酷特智能董事长张代理曾说："个性化是最极致的标准化。"这句话揭示了大规模定制的本质，大规模定制就是在满足不同用户需求的前提下，实现大规模生产差异化产品的模式。这种生产模式将大规模生产与定制生产的优势有机结合，既满足不同用户需求，又实现大规模制造。大规模定制模式的基本思路是通过将用户需求进行数据化分解和整合，运用现代信息技术和柔性制造技术，以大规模生产的手段、效率和成本，为用户提供定制化产品。大规模定制与大规模生产的区别见表4-2。当传统企业的大规模制造不再适应互联网时代的用户所需时，个性化定制便成了制造业企业的"救命稻草"。酷特智能不仅牢牢把握住了时代脉络，还为这个时代注入了创新元素。

表 4-2 大规模生产与大规模定制的区别

	大规模生产	大规模定制
管理导向	产品生产导向	用户需求导向
生产驱动模式	推动式生产，先预测市场需求再进行生产	拉动式生产，先获取用户需求再进行生产
公司战略	采用成本领先战略 通过大规模生产降低成本、提高产量质量取得竞争优势	采用差异化战略 通过大规模定制对用户需求迅速反应，提供差异化的产品取得竞争优势
产品特征	产品种类单一，研发和生命周期较长 流水线设备专用，调整周期长，调整费用高	产品种类多样，研发和生命周期较短 流水线设备具有柔性，调整周期短，调整费用低
应用范围	市场需求稳定且需求量较大的统一市场	市场需求变化快且需求量较小的离散市场

大规模定制具有以下特点：

（1）以用户需求为导向。传统的大规模生产是先将标准化产品生产出来，再进行渠道销售，用户未参与产品生产过程，是一种推动式生产模式；而大规模定制是用户先提出自身的需求，企业再依据用户需求进行设计和生产，是一种拉动式生产模式。

（2）以现代信息技术和柔性制造技术为支持。大规模定制为了及时响应用户的不同需求，必须以信息技术和柔性生产技术为支撑。大数据、云计算、物联网技术的发展，为企业分析和响应用户需求提供了保障；数据与柔性制造相结合，大大提高了定制产品的生产速度和质量。

（3）以模块化设计、零部件标准化为基础。企业将用户需求分解到最基本的元素，并对其进行标准化设计，大大减少了企业的定制部分，提高了生产效率。用户依据自身条件对基本元素进行挑选、组合和设计，充分满足了用户的个性化需求。

（4）以敏捷制造为标志。通过传统的大规模生产方式制造的产品具有同一性，企业将相同的产品销售给不同的用户；而通过大规模定制生产方式制造的产品具有特殊性，企业生产的每一件产品均不相同，并将不同的产品销售给不同的用户。企业通过快速响应用户需求实现敏捷制造。

（5）以竞（争）合（作）的供应链管理为手段。传统的大规模生产企业与供应链中的上下游供应商存在讨价还价的竞争关系。而大规模定制企业其原料来源和产品销售更加灵活，需要与供应链的上下游厂商建立良好的竞合关系，以满足用户需求，实现生态共赢。

制约大规模定制的成本和速度因素来自多个方面。[一]企业设计能力、制造技术、物流管理水平及信息沟通程度等方面的因素都会影响大规模定制的效率和效益，这些因素归根结底是技术、组织结构和人员素质的问题。因此，有效实施大规模定制生产方式的前提是，定制企业必须提高信息技术水平，提高机器设备的柔性；对组织结构进行重新设计，建成一个灵活、高效、精练的组织；对员工进行培训，提高员工的素质。

大规模定制实现了企业与用户之间价值交换的对称和谐，并且在持续的互动中保证了对用户需求以及合作资源的动态整合，逐渐形成了制造业企业打造卓越竞争优势的动态能力，有效迎合和满足了用户的个性化消费诉求。

结合酷特智能的实际，企业应该从三个维度来解释大规模定制能力：一是用户参与式设计的能力；[二]二是与产品制造相关的柔性生产能力；[三]三是与伙伴关系相关的网络协同能力。精准全面地掌握用户的多样化需求是大数据情境下定制化能力培育的基础，企业需要根据产品能够实现的模块化程度为用户提供更多的选择，这往往需要企业设计和推出具备交互操作功能的软件来实现用户需求数据的获取与存储。柔性生产能力是企业大规模定制实现的关键动态管理能力，主要以用

[一] 邵晓峰，黄培清，季建华. 大规模定制生产模式的研究［J］. 工业工程与管理，2001(2):13-17.
[二] 周文辉，王鹏程，杨苗. 数字化赋能促进大规模定制技术创新［J］. 科学学研究，2018(8):1516-1523.
[三] 程德通. 企业实施大规模定制战略的核心能力及基本框架分析［J］. 商场现代化，2007(18):59-60.

户个性化需求与产品模块化数据的匹配程度、生产制造周期以及产品合格率/返修率等方面作为衡量标准。为实现柔性化生产，企业需要推动组织的数字化建设，实现由传统的信息驱动向数据驱动的敏捷制造转型。这一过程要求企业内部形成标准化与联网化的数据，并能将该类数据良好地转化为具体操作指令赋能个体员工，实现人与人、人与操作设备的整体协同。网络协同能力是指合作伙伴共同满足用户需求的能力，它要求核心企业塑造信息共享的数字化环境，使得具备同等水平数字化能力的合作伙伴及时响应核心企业的操作指令并付诸资源交换的价值共创行为——网络协同能力是大规模定制模式实施的保障。

总体而言，三种能力均能够从资源配置与整合的角度体现企业动态能力的本质（见图4-1）。动态能力是数字化技术引导下的组织流程与惯例的重构，对处于数字化转型升级阶段的企业而言，领导者的个人洞见实质上是企业历史发展脉络中动态能力的起源，动态能力之间存在着跨层级的影响机制。领导者在动态能力的释放过程中发挥着至关重要的作用，他们决定着后续企业动态能力的培育方向。

价值曲线反转

宏碁集团创始人施振荣用曲线解释了IT行业上下游之间的不同附加值与利润率。在施振荣看来，IT行业的利润向行业上游的研发和行业下游的营销集中，而处于中间环节的制造则为低利润区域。施振荣将这条曲线命名为"微笑曲线"（见图4-2）。

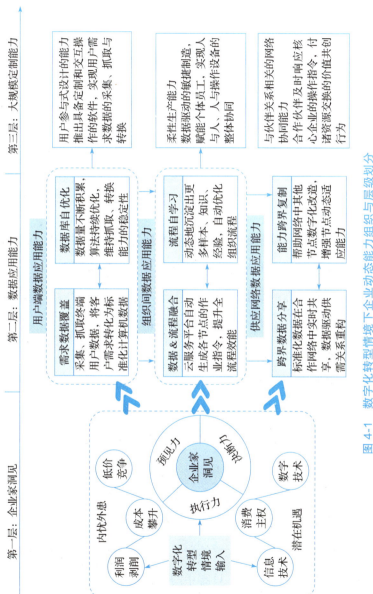

图 4-1 数字化转型情境下企业动态能力组织与层级划分

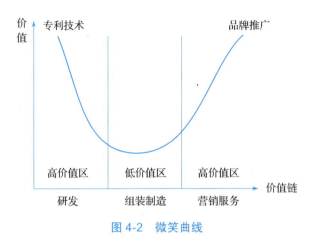

图 4-2　微笑曲线

在研发—制造—营销链条上，两端的研发和营销环节利润增长空间大，而中间的制造环节利润空间被不断压缩。[⊖]制造型企业在寻求利润率增长和附加值提高的同时，要么向上游端的零件、材料、设备及科研延伸，加强研发创新能力；要么向下游营销端的销售、传播、网络及品牌延伸，加强客户导向的营销与服务。总体而言，越向两边走，企业取得的利润和附加值就越多。

施振荣提出的微笑曲线，无论是在经营哲学上，还是在企业战略上，都具有非常强的解释力。微笑曲线既是对 IT 行业现实情况的表述，也是对当时产业经济规律的揭示。但是，日本有研究人员提出与微笑曲线完全相反的"武藏曲线"。武藏曲线以日本的武藏武士刀命名，主要特点是中间上翘、两端下沉（见图 4-3）。

武藏曲线表明，无论是上游的研发环节，还是下游的营销环节，其本身均不直接创造产品价值，只有中间的制造环节才能完成产品的价值

⊖　朱志砺. 微笑曲线，还是武藏曲线［J］. 董事会，2005(7):96-97.

创造。企业如果要获得更多的附加值,就必须提高企业制造过程的管理水平。企业一边通过感知市场需求变化,明确产品的出货量和出货时间,一边与上下游建立合作关系,实现原材料和零部件的最佳采购,最终达到减少库存、提高收益的目的。高度自动化和精密化的制造是企业制造环节高附加值的来源。

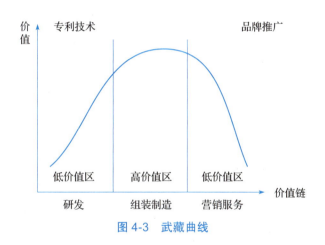

图 4-3 武藏曲线

随着社会分工的不断细化,研发、制造和营销三大环节逐步分离,武藏曲线对现实情况的解释力也逐渐减弱。因此,有武藏曲线的研究者将制造业分为简单加工和高度制造两类,其中,高度制造才是实现企业制造环节高利润率和高附加值的途径。

微笑曲线是对市场专业化的划分,武藏曲线是对制造专业化的划分。但是,在不确定性增加的环境下,制造型企业如何定位?如何发展以实现利润的跨越式提高?这些问题都是制造型企业必须思考和解决的。在这样的背景下,酷特智能受武藏曲线的启发提出"穹顶曲线",以帮助制造型企业从大规模制造向大规模定制转型(见图4-4)。

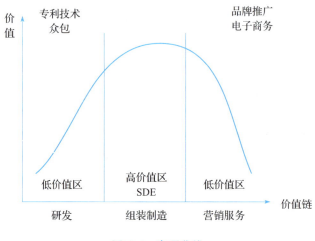

图 4-4 穹顶曲线

穹顶曲线的外形与武藏曲线相似，仍然是中间凸出、两端下沉，但穹顶曲线所强调的内容却与武藏曲线不同。"穹顶"由空间意义演化而来：整个空间最顶端是黑洞，穹顶代表太空和外太空，我们所处之处是大地（见图4-5）。穹顶意味着在宇宙空间中探索未知，寻找企业的未来战略落脚点。酷特智能认为制造型企业实现高附加值和高利润率的途径有二：通过大规模定制提高传统制造业的利润率；通过众包和电商降低传统研发及营销的成本率。利润率的提高和成本率的下降，最终形成了"组装制造"部分的穹顶。

中国传统制造型企业的经营理念一般是以产品为主，通过增加产品的种类、提高产品质量来增加销售量、提高利润，致力于产品的推广，希望达到"我们卖什么，用户就买什么"的目标。在这一经营理念下运营的企业，并不能对实时变化的用户需求做出及时反应，从而陷入微笑曲线中制造业附加值低的魔咒。

图 4-5　苍穹与大地

作为服装制造业企业，曾经的酷特智能也未逃脱微笑曲线的魔咒。酷特智能的领导者居安思危，希望把命运掌握在自己手里，不甘受制于人。在研究了企业的生产模式后，张代理将定制与大规模流水线结合起来，将用户需求作为企业所有活动的源头，实现对用户需求变化的快速反应，从而提高了企业的利润率。传统制造模式与酷特智能模式的比较如图4-6所示。

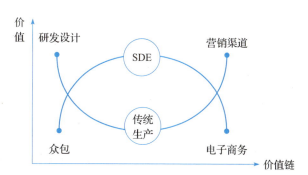

图 4-6　传统制造模式与酷特智能模式之比较

穿顶曲线是如何帮助服装制造企业摆脱魔咒的呢？如图4-6所示，左端点是产品的研发设计，传统的服装制造企业通常依靠设计师完成，不仅需要支出高额的成本，而且未摆脱"我们卖什么，用户就买什么"的观念。酷特智能一改传统的服装制造思维，让客户成为自己的服装设计师。酷特智能自主开发了智能研发设计系统，可以支持百万万亿级的款式组合。这不仅省去了常年雇用众多设计师的巨大开销，还可以高效、精准地满足用户的个性定制需求。

右端点是营销渠道，传统服装制造企业后端采用代理商、批发商和零售商等一系列中间商来完成产品销售，看似合理的层级式销售模式放大了产品原有的成本。酷特智能采用电商的营销方式开展销售，通过互联网将生产商与客户直接连接起来，颠覆了传统的中间商销售模式，实现了C端与M端的直接交互，不仅减少了中间环节的层层加价，还可以让用户享受性价比最高的服务，真正做到以用户需求为中心。

中间部分是制造环节，传统的服装制造企业在这一环节，由于标准化程度高、难度系数较小，制造的附加值随着技术的成熟和自动化程度的提高而大幅下降。传统的服装制造企业通常只负责中间的生产环节，营销、设计、供应链等环节都是由其他公司负责，所以利润率较低。酷特智能开辟了一条与众不同的制造道路，以用户需求数据驱动整个供应链，快速反应、高效协同，优化了供应链上全部资源的配置。酷特智能研发的具有完全自主知识产权、全程数据驱动的流水线定制云平台，做到了实时响应驱动全球相关资源，满足全球用户的需求，以工业化的手段、效率和成本，生产个性化定制的产品，极大提高了企业满足需求的能力和企业的运行质量及效率，利润率大大提高。

酷特智能的穹顶曲线和宏碁的微笑曲线都是用来解决制造企业发展的战略问题，但两条曲线存在本质差异。微笑曲线发现了产业链中间环节的制造附加值低的问题，却没有提出更好的解决方案，只是为企业未来的发展方向做出规划，不断往附加价值高的区块移动与定位；穹顶曲线则是酷特智能为了解决微笑曲线的魔咒而提出的解决方案，也是酷特智能源点论落地的成果。

酷特智能以客户需求驱动整个供应链，通过整合供应商和服务商的资源，提高了资源的使用效率；通过智能交互平台与用户直接交互，采用先销售再生产的定制模式，有效解决了库存、现金流及管理费用高等诸多问题。

总之，酷特智能以用户需求作为一切经营活动的出发点，降低了微笑曲线两端的成本和资源使用，使得曲线两端的附加值大幅下降，曲线两端相对下沉。同时，酷特智能将曲线两端优化节省的资源投入中间的生产活动中去，从而将微笑曲线中间制造环节的附加值大幅提升，曲线中部相对上升。

化整为零

客户需求分解

"大洋彼岸的旧金山，美国客户汤姆·凯利打开手机，通过酷特智能 App 定制一套西服，输入自己身体 19 个部位的 22 个数据。客户付全款后，数据直接进入酷特智能云平台，汤姆·凯利的定制西服制作流程迅速启动。整个定制过程高效、精准、快速，传统的研发、设计、调度、排程、物料整合，全部被智能化、无人化，生产过程全程由数据驱动……7天左右的时间，这套量身定做的西服就会送达汤姆·凯利的手中。"酷特智能总裁张蕴蓝如是介绍。如今，在酷特智能的生产流水线上，这样的场景每天都在上演。

酷特智能变革了服装行业对用户需求的解析模式，从原先的模块化分解到现在的数据化分解。何为模块化？何为数据化？模块化，是在功能分析的基础上，将复杂的系统分解为若干个功能不同的部分进行管理。通过对模块的选择和组合，可以实现产品的重新设计。数据化，是在模块化的基础上，将各个模块进一步分解为更小的单位，这些更小的单位称为"数字"。数据化，就是数字与数字组合的方式，是一种更灵活、更复杂、更柔性的有机管理方式。举例来说，模块化分解的结果是一块块积木，传统的服装行业就是用不同的"积木"设计新的衣服；数据化分解的结果是积木的构成因子和构成因子的组合方式，酷特智能用不同的构成因子和不同的组合方式设计新的衣服，形成了百万万亿种款式组合。

酷特智能的生产模式完全以用户需求为中心，将用户对衣服的所有需求进行拆分，落实到每一个细节上。面料、里衬、领子、袖口甚至一颗扣子的缝法，都由用户决定。所有的需求数据起源于用户，真正做到了准确、及时、全面，可一次性满足用户的需求。

用户定制主要有三种方式：一是简定制（标准号），按照身高体重推荐标准码或直接选码；二是半定制（套码），在标准码上局部修改；三是全定制，通过三维（3D）量体、用户根据教学视频自行量体、通过App预约上门服务人工量体、到店里由服装顾问测量等方法，测量19个部位22个数据。这些数据成为驱动整个系统运转的源头，通过数据的排列、组合、协同、计算、建模，全程数据驱动，强有力地支撑了用流水线的手段生产全定制的个性化产品。

酷特智能建立了四大数据库系统：服装版型数据库、服装款式数据库、服装工艺数据库和 BOM 数据库，多年积累的海量数据可满足用户的特殊需求。酷特智能在美国洛杉矶、德国法兰克福和中国都有自己的云存储系统，加上多语言交互系统，可实现对全球订单的快速反应。

大规模流水线定制的实施和用户需求的数据化分解，都对酷特智能的前端、中端和后端体系提出了更高的要求。在前端，酷特智能建设互联网信息平台，连接供应商、工厂、客户、物流和售后，实现供需双方的直接对话，让用户参与产品全价值链的协同模式。在中端，酷特智能形成数据驱动的智能工厂解决方案，再造企业生产控制与流程管理，并与互联网对接，形成智能制造新模式。在后端，酷特智能把用户需求变成产品数据模型，将跨国界、多语言的订单变成数据进入互联网平台，使协同研发、柔性生产等成为可能。酷特智能还建立了拥有完全自主知识产权的智能研发体系，用数据代替模具，实现版型、款式、工艺的自动组合匹配。

7 天数字化流程

酷特智能大规模个性化定制流程如图 4-7 所示，7 个工作日就可完成制作并发货。7 个工作日的任务环节包括：数据采集→自主设计→智能研发→智能排程→智能仓储→智能裁剪→智能制造→数字化质检→智能配套→智能配送。其中，"数据采集""智能研发""智能排程"这三个环节是大规模个性化定制的核心环节。

图4-7 酷特智能7个工作日任务分解图

1. 数据采集

采用"三点一线"坐标量体法，将所获取的人体 19 个部位共 22 个数据输入客户智能交互平台。

2. 自主设计

用户在智能交互平台自主设计，可选择品类（如西服、西裤和衬衫等）、样式（如西服的单排/双排扣等）、面料（单色/格子等）及里衬、部位（驳头、肩袢、胸袋、袖口、肘垫和后背等），确认相关细节（纽扣等），完成自主设计。

3. 智能研发

基于顶层设计规划，对技术工艺、版型款式、物料等相关数据，通过专家系统和 AI 深度学习技术，实现用户需求自动生成排料图、车间作业指导书、物料清单等生产任务数据；智能研发系统高效完成版型和设计等工作，打破传统人工作业的方式，实现研发设计的数据化与智能化。

4. 智能排程

智能排程系统用正确的数据、在正确的时间，发给正确的人和机器执行，有效解决了个性化定制过程中的不确定性、复杂性和多样性问题。智能排程系统以用户需求数据实时驱动企业内部资源快速整合，高效满足定制需求。

5. 智能仓储

智能仓储管理系统以用户的需求为驱动要素，采用"安全库存+实时响应"的管理方式，对几十万种不同种类的面辅料全部编码，实现全球实时同步的在线管理。

6. 智能裁剪

用户需求数据直接驱动设备进行材料的剪裁，实现了分片数字化、排版智能化、切割自动化，快速实现对条、对格、对花，全流程快捷、高效、精准，效率比普通裁床提高两倍以上。

7. 智能制造

酷特智能智造工厂类似一台大型 3D 打印机。个性化的数据输入后，每个操作工位上都有一个智能终端，当订单经过每个工位时，员工只要扫描一下每件衣服上的电子标签，智能终端上就会显示工位的精准工艺指令。员工基于客户数据，严格按照工艺标准作业，确保产品质量百分之百满足需求。

8. 数字化质检

通过成衣上的 RFID 卡，在终端上读取该成衣的工艺要求，系统自动判定是否存在质量问题。发现问题时可直接追溯至第一责任人。同时，该质量问题及解决方案信息纳入企业信息数据库，作为企业后续应对类似事件或问题的经验智囊。

9. 智能配套

基于对 RFID 技术、物联网技术的应用，酷特智能的立体仓库系统实现了在库和在途订单的全程可追踪、可识别，成品仓库管理系统实现了订单在库和在途的精细化管理。基于物联网技术、AI 深度学习及视觉技术，酷特智能打造了确保订单在流转过程中全程自动感知的个性化定制产品物流工程解决方案。

10. 智能配送

酷特智能的发货系统与多家快递公司直接对接，实现了系统自动打印运单和实时通知揽件发货。快递公司现场安排完发货，便将发货信息实时传递给用户，实现了订单运输过程的全流程跟踪。订单在出库、包装、分拣的过程中全程数据驱动，实现了包裹的自动称重、自动贴运单、自动分拣，杜绝了发错货、漏发货等问题；物流系统与海关系统的数据打通，实现了个性化订单在线的自动报关和清关工作。

流程质变

从效率观到效能观

企业的效率是企业投入和产出之比，企业所追求的就是以尽可能少的人员、材料、资源和设备投入取得最多的产出，是"正确地做事"，效率观念就是通俗意义上的"快"。企业的效率回答了"企业如何实现高速发展"的问题。

企业的效能是利用现有资源达到目标的程度，不仅要衡量效率，还要考虑与目标的一致性，是效果和能力的加总，是"做正确的事"。[一]

[一] 霍海涛，汪红艳，夏恩君. 组织效能影响因素实证研究［J］. 图书情报工作，2007 (8):38-41.

效能观念代表的是"多、快、好、省",即数量多、速度快、结果好(品质高)、成本省,它始终围绕所要达到的目标和结果。企业的效能回答了"企业如何实现高质发展"的问题。

一家企业获取更多利润的手段之一,就是转变工作观念,将效率观转为效能观,在提高工作效能的同时寻求新的利润增长点。

传统的生产方式已无法解决高库存、低利润的困境,酷特智能回归源点,从用户需求出发,创新性地思考如何用流水线实现大规模定制。酷特智能将用户需求进行数据化分解到最小单位,以全程数据驱动的智造模式,用工业化手段制造个性化产品,最终形成了个性化大规模流水线定制模式。那么,酷特智能是如何在效能观念下指导生产的呢?

第一,酷特智能从效能观中的"数量多、速度快"出发,运用互联网技术,构建与用户交互的个性化定制平台,探索将生产供给和用户需求快速无缝对接的运营模式。个性化定制平台通过连接用户与制造商,一方面接触用户,了解用户的独特需求,更新和完善用户数据库;另一方面接触制造商,减少中间环节的信息流失并降低成本费用。

第二,酷特智能从效能观中的"结果好(品质高)"出发,运用大数据和云计算技术,对用户需求进行分析和建模。酷特智能的个性化定制平台不断完善,为用户提供各类流行元素的组合,用户既可以运用平台中提供的元素进行搭配组合,也可以在平台上进行完全的自主设计。

第三,酷特智能从效能观中的"成本省"出发,借助互联网和云计算,改革生产体系和组织体系,为大规模定制化生产提供保障。酷特智能通过自主研发的智造体系,完成数字化工厂的柔性生产。基于物联网技术的数据传感器,持续不断地收集任务完成状况,反馈至中央决策系统及电子商务系统,有效杜绝了工位交接的时间成本。

未来,全数字的生产和管理将成为主要模式。全数字生产模式的基础是在虚拟环境中,对产品生产的全过程进行仿真、模拟、运行和优化,将数据作为产品生产的驱动力,实现产品全生命周期管理。系统可以自动通过前端数据的变化调整后端的生产,员工清楚地知道自己该做什么事情,由此实现资源的高效配置,为劳动密集型企业的发展指明了方向。

看板管理和可视数据管理

"看板"指的是传递信息并控制生产的工具,通常由卡片、电子标签和揭示牌等传递信息的载体组合而成。[一]

看板方法源自丰田的"准时制生产"(just in time,JIT)系统。[二]在丰田 30 年的 JIT 生产管理法摸索过程中,零件的批量生产和转移成为瓶颈,各个环节忙闲不匀,流程难以衔接。1948 年丰田面临着生产过剩、产品(卡车)滞销、资金链断裂的生存考验,这促使生产主管大野耐一开始重视局部优化与全局思维,并深入思考如何更加顺畅地衔接制造流程,减少不必要的浪费。1953 年,大野耐一从超市货架获得启发,开创了"以看板拉动"(传递需求信息及物料搬运指令)的机制。大野耐一提出的看板就像一个空的货架,从视觉上对产品的流动进行追踪,很容易发现瓶颈在哪里,空缺在哪里,生产流程衔接是否紧密。无论你拿起哪一部分的看板卡(board),它都会详细明确地告诉你当前任务的完

[一] 栗贺友,郝建男. 看板管理在企业的应用[J]. 工业工程与管理,2003(2):62-66.
[二] 龚其国,赵晓波,王永县. JIT 生产控制策略的研究现状与进展[J]. 系统工程学报,2001(6):456-464.

成情况。

传统的看板管理一般是由公司总部的生产管理部门依据市场预测和生产指令，将所需生产产品的数量、种类等信息下达到总装配线，各个工序依据看板信息组织生产。传统看板管理的信息主要涉及产品数量、完成时间、产品放置地点和运送方式等，并由后一工序向前一工序追溯。在看板管理中，后道工序只在必需时才向前道工序领取必要数量的零部件，前道工序也仅生产后道工序所需数量的零部件；当各道工序出现不良品或残次品时，需要对其进行处理，禁止其流入后道工序继续生产。

看板管理是一种将管理透明化、可见化的管理方式，管理人员能够实时地对数据和信息进行观察，及时发现组织生产过程中的潜在风险，由此形成自我完善的机制，大大提高了管理的透明度。但是看板管理仍存在一些弊端，比如，这种管理所提供的信息是平面式的，仅包括产品的名称、已完工数量等，不涉及对产品生产的具体操作，而且信息的持续性较弱，新的信息会在一段时间后覆盖掉原先的信息。

酷特智能通过对看板管理的深刻解读，完善了看板管理的模式，使"流水线+定制化生产"成为可能。依旧是原来的设备、原来的流水线、原来的员工，改变的是运用看板管理的思维，由此形成了酷特智能独特的"可视数据管理"模式。这也是新旧动能转化的具体实践。

酷特智能的可视数据管理是流水线上的员工通过RFID卡从网络云端获取数据，相比于其他信息传递方式更加快速、便捷、准确。相较于看板管理信息存在的平面性、阶段性和非精确性的特点，酷特智能的可视数据管理是三维的、连续的、精确的。酷特智能的员工能够从看板上了解到服装的工序、流程，所有生产工序和生产环节的数据都进行实时记录和实时监控，不仅有过去的、现在的数据，未来的数据也能进行精准的预测。

酷特智能的可视数据管理源于对用户需求和数据资源的深刻理解，与传统的看板管理存在本质上的区别，具体见表 4-3。

表 4-3 传统的看板管理与酷特智能可视数据管理的比较

	传统的看板管理	酷特智能的可视数据管理
管理人员	管理者	流水线员工（数据）
信息内容	产品的生产和运送的数量、时间、目的地、放置场所、搬运工具等	客户定制产品的信息，如工艺标准、质量标准、工时工价
管理目的	减少中间产品的储存，减少不良品和残次品的生产	标准化、数据化、智能化
管理模式特点	平面的、阶段的、非精确的	三维的、连续的、精确的
管理状态	静态管理，员工看板显示后道工序的生产进度及库存情况	动态管理，需求数据实时、精准

传统的服装企业用流水线生产同质化的产品，酷特智能的核心技术是大数据，用数据驱动流水线，制造个性化的产品。酷特智能的智造工厂从表面看跟传统的工厂没有区别，还是那些工人和设备，最大的区别在于驱动各个环节的数据流和智造逻辑。在酷特智能看来，数据驱动大规模定制化生产变革了制造业的生产方式，将制造工厂变为"一台巨大的 3D 打印机"。当用户在一端输入需求信息时，需求会自动生成员工作业所需要的数字化看板，以 3D 打印的方式生产个性定制的产品。

第 5 章

擎架供应网络

供应链是指围绕核心企业，从产品的原材料和配件开始，经过多个环节的加工处理生成最终产品，最后通过销售网络把产品送至消费者手中的功能网链式结构。供应链的实质是实现需求与供给的精准匹配。核心企业通过准确触及源点需求，联合上下游主体无缝衔接、快速响应，通过闭环的网链式结构迅速配置终端产品，力求在最短的时间内，最大程度地满足用户需求。英国供应链管理专家马丁·克里斯托弗（Martin Christopher）预言，21 世纪的市场竞争将不是企业和企业之间的竞争，而是供应链之间的竞争。因此，供应网络的全面建设决定着企业能否先发制人、快人一步地掌控和稳固消费者市场。

传统供应链管理往往缺乏供需精准匹配的考量，加之信息技术的限制，供应链主体之间缺乏及时有效的沟通，存在一道道难以逾越的"高墙"，这使得本就冗长的供应链条变得更加难以快速及时地响应，系统中信息流通性差。这种情境下，各主体之间缺乏信任，仅仅关注自身利益的最大化，进而陷入"零和博弈"的僵局。核心企业很难做到及时和按需采购，缺货、重复采购、账务混乱等现象屡见不鲜，库存成本居高不下，最终不仅用户需求得不到满足，产品积压造成的产能过剩更是成为压倒企业的最后一根稻草。毋庸置疑，库存问题是绝大多数制造企业供应链管理的病症之本。酷特智能发挥数据的共性价值，让全员对应目标，目标对应全员，成功触及库存问题的本质，实现了有机体之间的无缝衔接与高效协同，得以精准满足用户需求。

酷特智能通过全程数据驱动，实时流转、无缝网联离散价值共创主体，由零和博弈到"多赢共生"，颠覆了传统价值主体间的链接方式与创造价值的逻辑，打造了敏捷的供应生态，实现了多元化主体的共享、共创与共赢。本章将从"零库存"说起，一步步揭开酷特智能擎架供应网络背后的秘密！

从零库存说起

传统供应链管理

供应链管理的概念提出的时间虽不长，但一经提出便引起了广泛的关注。在全球企业实践的共同推动下，供应链管理得到了长足的发展。在众多公司的不断探索中，IBM、戴尔和ZARA等国际品牌堪称供应链管理实践的典范，它们创造的卓越成就足以让后来者相信供应链管理是适应21世纪全球化竞争的一种有效途径。全球竞争的加剧迫使企业的供应链管理模式处于不断变化之中，从发展脉络来看，供应链管理历经了从"纵向一体化"到"横向一体化"的演变。20世纪80年代，供应链管理强调以控制为核心、"面面俱到"式的管理模式，企业通过自建、控股或兼并的方式实现对原材料采购、生产制造和销售全流程的掌控，以此迅速抢占市场。当企业采取纵向一体化的管理模式时，管理者必须把大量精力、时间和资源投入辅助性职能部门的管理工作中，而无暇顾及关键性业务的开展。此外，面面俱到意味着深入了解每一个纵向领域，这难免令企业陷入"四面树敌"的困境。然而，更为致命的是，纵向供应链管理模式并不能适应市场的剧烈变动，终端用户市场的萎缩将影响整个供应链条的盈利。因此，纵向一体化仅仅适用于外部市场环境趋于稳定的情况。80年代后，管理者逐渐发现企业完全可以借助外部资源的优势来弥补纵向一体化的弊端，以此达到快速响应市场变化的目的，"横向一体化"应运而生。人们渐渐意识到任何企业都不可能在所有领域出类拔萃，只有联合外部资源，弥补自身短板，发挥互补优势，才能构建更加强大的核心竞争力。

较之国外，我国供应链管理起步较晚，与全球先进的供应链管理模式仍然存在差距，这不仅体现在我国企业供应链管理系统的发展迟缓，更深层次的原因在于我国制造业长期追求"大而全""短期盈利"所造成的供应链管理理念的滞后。需求导向、敏捷响应、柔性反馈、资源共享和产销协同成为21世纪现代供应链体系的核心。实际上，我国多数下游制造企业在整个供应链中扮演着核心角色，整体上并没有摆脱传统的"唯生产"或"唯产品"的主导逻辑，它们通过对市场的预测以及自身能力的评估，寻找上游供应商获得生产原材料，经过本企业的生产和加工，将产品或半成品经过批发商和零售商最终送达用户手中（如图 5-1 所示）。上下游合作商之间虽然表面上建立了合作关系，但实际上并未将彼此视为患难与共的盟友。整个供应链上流动着包括生产能力、促销计划和交货日程的信息流，原材料、半成品和最终产品的物流，以及信用、托收、支付条款和发票的资金流等。供应商、制造商、批发商、零售商及用户是供应链上的多个参与主体，它们都会考虑如何使本企业的利益、效益最大化，如何节约成本及如何高效竞争等问题。

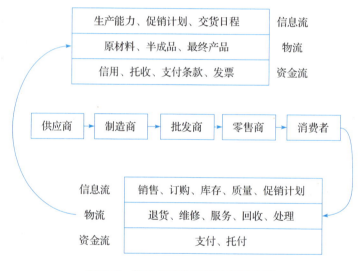

图 5-1 传统供应链运行流程示意图

面对风云莫测的市场竞争、复杂多变的客户需求以及居高不下的劳动成本，加强供应链管理对于企业降本增效、实现高质量和可持续发展具有重要的意义。提升供应链市场响应能力，构建供应链协同治理机制，推动供应链的一体化建设，实现供、产、销高效协同将成为突破我国服装行业供应链管理瓶颈的关键。

库存居高的原因

库存管理理论的逐步完善与软件技术的飞速发展使得库存管理的方法越来越精准，逐渐实现了对库存的实时动态管理。但现实生活中企业库存积压、资金占用高的事实依旧存在，库存问题仍然是诸多制造企业的"心结"，尤其对服装类行业而言，面对居高不下的存货，企业只能望洋兴叹。

库存是为满足未来需要而暂时闲置的资源，企业的人、财、物和信息等资源都存在库存。[一]库存管理水平的高低直接关系到企业的现金周转，库存作为企业资产的一种形式，与现金的区别是有折价风险，而且还会积压资金。因此，除一些特殊时期或特殊原材料外，几乎所有企业在经营的过程中都力求降低库存。精益思想的萌生让企业的库存管理走向精细化，一定程度上促进了生产资源的配置效率，然而遗憾的是，精益思想在中国的很多企业中并未得到实施，库存问题在众多行业仍然屡见不鲜。在电子行业中，中国企业的平均库存周转期为51天，这意味着即便在利润率相同的情况下，投资回报率也会很低。

中国传统的服装行业从产品设计到供应链整合相对滞后，造成业内前导时间普遍偏长。一般品牌的服装从设计到生产、物流、销售的过程，通常需要6～9个月的前导期与囤货期。较长的前导期造成企业难以跟上快速变化的市场，大多数情况下需要根据对市场需求趋势的预

[一] 翁君奕，柯银鸿，陈荣明. 库存控制模式与精准组合战略的适配及其绩效——基于姚明织带公司的案例研究［J］. 管理世界，2011(8):130-141.

测赌爆款，而且为了应对可能存在的需求，需要提前下大订单。如果赌错，则会造成产品的大量积压。即便赌对，现实情况也不乐观，实际上国内品牌产销率普遍在65%左右，某些"困难时期"甚至低至35%。例如，促销、换季打折等活动是以降低资产价值的方式换得库存的短期下降，赢得资金的周转空间，殊不知这种方式是饮鸩止渴，不仅不能从根本上消除库存，久而久之还会造成适得其反的效果，影响用户对品牌的认知与定位。

库存居高不下的主要原因如下。

1. "先做后卖"的逻辑使供需难以匹配

传统供应链背后是一种"先做后卖"的逻辑。这种逻辑埋没了用户需求的指引性作用，因用户需求本身具有复杂性和不确定性，"先做后卖"的逻辑导致传统企业只能通过以现有的数据为基准去预测不确定的未来，虽然能够在一定程度上降低不确定性，达到预期目的，但并非真正掌控或管理了不确定性，一旦企业预测有所偏差或者服装销售低于预期，便会造成大量库存积压。

2. 模式粗犷与沟通不畅放大库存系数

服装供应链是"零售商—品牌商—供应商"之间产品流、信息流和资金流的集成管理。传统服装企业大多采用粗犷式生产模式，即遵循"生产商—层级代理商—零售商—用户"的输出渠道，根据销售端的预测决定生产产品的规模和数量。通常下游代理商会提前订货并且尽量扩大货品的储备量以应对缺货，同时生产企业也会加大生产力度以备及时补货。此外，供应链条的信息流从客户端向原始供应商进行逆向的逐级传递，这一过程中由于不确定性，信息无法动态实时地传递与共享，这两方面原因造成了库存需求的扭曲性逐级扩大，各级库存居高不下，最终产生"牛鞭效应"。

3. 成员之间零和博弈，缺乏整体性协同

降低库存并不是供应链条单一节点优化的结果，而是依赖于所有供应链节点的协同作用。传统供应链在形式上形成了相互依赖的结构，但实质上，供应链的每一个节点作为独立的价值单元，它们拥有自身的战略、组织文化和核心价值观，只聚焦于自身的库存控制指标来制定相关的策略。主体之间由于没有统一的价值观及利益导向，缺乏对"价值共创"的统一认知，尚未形成多赢共生的战略合作关系，甚至存在着一定程度的利益冲突。由于彼此之间通过零和博弈实现自身价值的最大化，供应链的成员之间难以发挥协同效应，整体市场响应能力较差，无法在第一时间满足市场用户的潜在需求，最终导致库存的间接积压。

4. 供应链数据处理能力欠缺

供应链的数据处理能力是保证供应链敏捷运营的关键。传统供应链管理中，企业聚焦于 IT 能力的建设，通过引进大量的信息基础设施搭建 IT 架构，强化 IT 运营能力，但实际上各个成员之间的数据并不具备开放性和流动性，用户数据无法及时地触及供应链上游成员，数据资源的价值未得到有效挖掘。传统供应商的库存管理和下游制造商的采购数据完全依靠人工记录，不仅效率低下，还极易出现重复采购、原材料出

入库记录不及时和账实不符等现象。

库存管理的问题本质上是供应链的问题，解决库存问题势必需要供应链成员的共同努力。降低库存并保障其在合理的区间不仅有助于节点企业降低经营成本，提升资金周转率，还有助于构建良好的供应网络生态。实际上，众多企业在降低库存的实践上往往"本末倒置"，它们仅仅关注短期库存下降，而非长远地考虑降低库存的战略意义。当整个服装类企业都笼罩在高库存与负利润的阴霾下时，酷特智能却参透了"零库存"的本质，彻底有效地解决了行业长久以来难以摆脱的"顽疾"。酷特智能究竟是怎样逆水行舟，一一解决库存的顽疾，在未大量引进自动化设备的情况下创造零库存神话的呢？

酷特智能零库存

传统模式下，企业往往是先集中生产，再通过终端渠道销售。为了尽可能多地占领市场与销售渠道，企业往往追求品种和规格的多而全，这无意间增大了企业的资金流压力，提升了库存风险。此外，在激烈的市场竞争中，任何品牌或款式的服装都不能保证全部售罄，再加上中间商的逐层加价，零售价比成本价增加了 5～10 倍，利润大多被渠道商掌控，一旦产品销售低于预期，居高不下的库存便成了压倒企业的最后一根稻草。面对高库存这一顽疾，众多企业通过降价促销等方式试图缓解资金压力，然而治标不治本。不难看出，传统的"先做后卖"的销售方式和冗长的渠道是导致高库存的真正病源。面对这种情况，酷特智能尝试了多种方法，通过不断地试错，最终证明，无论是仓储改造还是品类管控，抑或 ERP 系统的信息化建设都无法从根本上消除库存的积压。

企业想要突破库存的限制，创造举世瞩目的价值优势，必须颠覆传统的供应链体系，将"先做后卖"转换为"先卖后做"的思维逻辑，利用数据打破阻隔在 C 端与 M 端的"高墙"，将生产经营的航标由规模化生产转向大规模定制。

供应系统的机体链接

机能是指人体及其组成的各器官和系统所表现的生命活动。人体通过各个系统的协调配合，使复杂的生命活动能够正常运行。从医学的角度来看，任何一种机能的表现都是人体多个脏器共同参与的结果。[一] 企业的供应链系统类似机能原理，系统中不同成员均拥有不同的机能，只有每名成员均处于健康的运作状态才能保证供应系统的良性运转。

系统基本元素摄入

个性化的需求是链接不同供应链成员、调节和激发单体机能及发挥多主体机能协同优势的关键纽带。如何精准高效地触达用户所需？酷特智能采取线上与线下融合的方式，通过线下量体和线上移动智能终端获取用户的个性化需求数据。在移动终端支持下，用户提出产品需求不再受时间与场景的限制。设想一下，即便你远在海外，即便存在时差，你也可以随心所欲地设计属于你的专属服装，整个消费体验流程变得更富娱乐性与便捷性的同时，也使得酷特智能可以精准、及时地定位用户需求。

[一] 贺卫国. 证是中医学对异常人体认识的重要概念[J]. 国医论坛，2010(2):12-13.

实质上，个性化设计能够实现的根本原因在于酷特智能的四大核心数据库。对任何企业而言，数据库的建设都非一朝一夕之功，其背后不仅仅是简单地、源源不断地接收与积累数据，更在于持之以恒地整合和优化数据本身，探索数据库形成所遵循的逻辑准则，才能最终形成适应和把控外部需求的能力。酷特智能将关键的尺寸和款式要求通过算法生成标准化的用户专属版型，并实现订单工艺设计以及全流程质量的数字化管理，进一步通过人工智能深度学习技术，结合大数据技术实现了产品的技术工艺、版型优化的自进化、稳健性和持续性的成长，确保了企业技术资源满足市场的机能不断突破提升，有效解决了人工制版成本高、效率低、缺乏统一标准、技术和数据流失严重的问题。

对机体营养元素的不断积累、筛选与内化是系统机能发挥协同优势的前提。企业通过不断获取用户数据，剔除无效数据，逐渐转化、构建具备自成长能力的数据库系统，使得需求转化为能够被机体理解的数据，以此实现系统对外部个性化需求的标准化对接。

有机体的无缝衔接

机体健康的关键是保持每一处组织、体液、细胞和器官内矿物元素含量的动态平衡。在酷特智能的系统中，数据是衔接各个机体平稳运行的保障，在不同机体之间发挥着穿针引线的作用。数据共享能够全面地激发供应链主体创造价值的意愿，激活系统协同响应市场客户需求变化的能力。

传统大规模生产模式下，供应链内部成员缺乏与用户的深度交互，上游供应商很难完全掌握终端用户的需求特征。酷特智能认为数据应具备价值共享性,即发挥数据优势的关键不在于占有,而在于传递与共享。因此,酷特智能通过打造数据驱动的供应生态体系,将需求数据第一时间传递给相应的供应节点,从设计研发自主化、物料采购智能化、生产制造柔性化、物流运输实时化实现全供应链节点的同频共振、共赢共生。在酷特智能数据共享的状态下,供应商与用户的实时交互变得触手可及,多年来阻碍节点交流的"高墙"被逐个击破。数据的共享与透明化规则无疑加强了供应链成员彼此的信任与依赖,使信息畅通无阻地流经于各个供应网络节点,节点成员结成"风险共担、利益共享"的合作伙伴。同时,企业与供应商共享需求、生产计划、生产能力及库存等信息,实施"安全库存+实时响应"的供给方式,直接将客户需求的信息转换成原辅料的采购信息与供应商实时共享。供应商按照平台上的动态库存信息,根据自己的原辅料情况和生产周期决定生产及配送时间,这样既能保证高效地满足用户的需求,又解决了供给双方的库存积压问题。由此制造商和供应商共同实现了"先卖后做"的生产模式,数据驱动使采购和供应变得有的放矢,实现了供应商和制造商"零库存"的合作共赢。同样,物流服务商可根据生产进度安排物流服务,将成品第一时间送至客户手中。此外,酷特智能还自主研发了立体仓库系统来完成配发货工作,实现了订单从入库到发货全流程数据的自动感知和识别。通过数据算法和规则,对订单在库、在途实时精准管理,确保了订单在配对、发货、缓存、运输过程中的智能化和自动化,彻底取代了传统的人工作业,实现了人工精简80%以上,效率提升15倍以上,发货准确率达100%。

数据共享要求所有供应链成员具备数据处理和应用的能力,以保证数据能够在供应链节点中并行地动态传递。共享过程需要企业将标准化的数据资源及时、直接地分享给供应网络中的关键节点,这背后的逻辑实际上是C端与M端的供需关系的重构(如图5-2所示)。供应商与物流商的服务不再指向生产商,而是直接根据用户的指令完成供应服务。

或许你会问,供应商难道还需要自建供应系统吗?酷特智能除与供应商和服务商进行关键数据资源共享之外,还会为传统供应商和服务商提供数字化的定制化升级改造服务,通过自身对数据驱动的认识帮助供应网络中的其他节点实施流程改造,以帮助其适应大规模定制的需要。

图5-2 酷特智能C2M运行示意图
资料来源:酷特智能公司。

总之,酷特智能的供应链管理以用户为中心、以数据为载体、以订单为主线实现了信息流、物流、资金流、人才流和技术流的五流合一。在酷特智能的倾力协调下,供应链的各个主体之间无缝衔接,彼此协同犹如天作之合,极大提高了物流运作的效率,有效保障了生产物料按照标准的数量要求,以最低的成本在最正确的时间交付到正确的地点,最大限度提高供给资源的配置效率,降低供应链的系统成本,提高企业的竞争优势。

酷特智能的供应链管理创新

党的十九大报告提出："在中高端消费、创新引领、绿色低碳、共享经济、现代供应链、人力资本服务等领域培育新增长点、形成新动能。"有别于传统供应链的概念，"现代供应链"是指以用户需求为导向，以数据为核心要素，运用现代信息技术与现代组织方式将上下游企业和相关资源进行高效整合、优化及协同，实现产品设计、采购、生产、销售、服务等全过程高效协同的组织形态。与传统供应链相比，现代供应链具有数字化、智慧化、平台化、服务化、绿色化、全球化等特征和趋势。[一]

酷特智能现代供应链

酷特智能现代供应链的建设实质上紧密围绕着"创新、协调、绿色、开放、共享"五大发展理念，是对党的十九大报告中提出的现代供应链概念的深入贯彻，对转换增长动力、推动供给侧结构性改革、促进资源优化配置和经济发展质量、效率的全面提升具有重要作用。

- 酷特智能从逻辑、技术、价值创造模式上颠覆了传统供应链管理模式，一改以生产商为核心的供应链管理体系，转而围绕用户需求打造快速响应的现代供应链管理体系，践行"先卖后做"的认知逻辑，辅之以数字化的手段，实现需求、资源与供应全流程的数字化协同，此谓"推陈出新"。
- 在供应系统的建设中，酷特智能不仅关注自身数据应用能力的改

[一] http://theory.people.com.cn/n1/2019/0314/c40531-30975885.html.

造，还关注不同供应链参与主体的数据应用能力建设，以自身优势资源带动供应网络的整体发展，此谓"协同进化"。
- C2M模式大幅度提升产品合格率，降低返修率，最大限度地提高资源配置效率，此所谓"资源激活"。
- 酷特智能鼓励外部客户参与产品研发价值创造的环节，充分激活客户的自主创新能力，谓之"兼收并蓄"。
- 供应链优势的来源并非是对"资源的占有"，而是对"资源的共享"，此乃"互惠共生"。

具体而言，酷特智能通过不断的实践探索，从三个方面完善了现代供应链理论体系的发展。

1. 以用户需求驱动为核心

酷特智能从传统"规模制造"转换至"大规模定制"生产模式，将用户需求置于供应链管理的核心位置，实现了供需结构的逆向改造。现代供应链建设的关键应围绕用户需求，通过去中心化的方式简化供应链主体，剔除多余中间商，降低供应流程中的冗余成本和交互成本，缩短服务节点与用户的交互距离，使得供应链节点直接围绕用户展开相关服务，真正实现节点与用户的实时交互与深度交融，大幅度提升供需匹配的效率。

2. 发挥数据赋能的积极作用

信息技术的应用不仅能够提升生产效率，还能够有效提升供应链的市场响应速度。酷特智能供应链体系与互联网、物联网等信息技术深度融合，充分发挥数据赋能的积极作用，实现数据的"资源—能力—价值"的递进式转化。数据赋能供应链的关键是核心企业利用数据应用能力使标准化的数据动态实时地传递到供应链体系中的需求性节点，改变信息由线性的串联式传递转换为网状的并联式共享。在大数据的穿针引线下，酷特智能有效解决了传统供应链的信息孤岛问题，使供应链的成员能够及时准确地做出灵活反应、理性决策、协同排产，全面打通从前端设计、生产到流通、最终消费等各个环节，大幅提高生产效率和信息流通效率。

3. 创造共识、共创、共赢、共生的生态文化

酷特智能彻底打破了传统供应链主体各自为政、片面追求单方利益的局面。企业只有与供应商和物流商等真正形成战略伙伴关系，树立共同的战略、组织文化与核心价值观，才能够真正地"合而为一"。酷特智能坚持"利他者终利己"，不仅仅关注意识层面的荣辱与共，更是深入供应链成员内部，实实在在地帮助伙伴们解决库存和利润的难题，从行为上以身作则。酷特智能的供应链生态通过一致性的目标、数字化的流程以及反私为公的践行将原本相互离散的主体凝聚在一起，形成风险共担、价值共创、利润共享的共同体，所有成员共享机遇、共迎挑战，时刻寻求利益的最大公约数。

酷特智能对现代供应链的实践探索，结合供应链理论完善供应网络研究的框架（如图 5-3 所示），有助于我国制造企业在大数据时代实现创新驱动发展，打造健康、有竞争力、可持续发展、绿色的数字化供应生态。企业供应链的协同应立足于"道"的层面，聚焦网络的长期效应价

值。网络内部利己与利他主义并存，企业自主释放自身价值的同时各取所需，形成相互依赖、多赢共生的环境。从"术"的层面，大数据技术的应用能够精准定位用户需求，预测需求的特征，减少信息不对称造成供应环节的不确定性，实现需求驱动的目标一致性。整个供应链网络应具有较强的资源共享、快速响应、风险分散、合作研发的能力，核心企业应通过改善网络节点的强度、网络密集度和网络成员关系强度三个属性来提升供应网络的协同效应，释放网络价值。

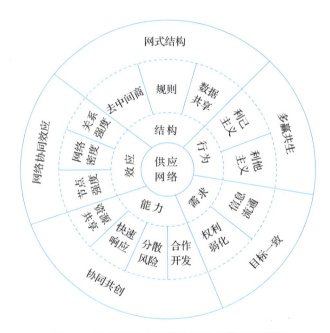

图 5-3 酷特智能现代供应链价值共创示意图

从供应网到供应生态

如果最初通过 C2M 模式建立新供应链是为了解决高库存问题，那么运用C2M的核心思想，以个体的需求数据为源点建立供应链网络，则是为构建生态系统奠定基础。酷特智能认为："一个健康的生态系统一定是多赢共生的企业协作系统，不存在不盈利的企业，只是利润大小的问题。好的东西不仅仅要自己用，还应该分享出去让更多的企业受益。"

根据儒家的义利观，企业存在的价值不在于创造了多少利润，而在于为社会创造了多少财富，提供了多少便利。酷特智能以源点论为"源"，不忘初心、固本清源，广义化C2M模式，将供应网络上升到供应生态的层面，在组织内推行平行治理模式，以治理取代管理，以自治取代人治，员工直接满足用户需求，全员对应目标，目标对应全员；在经营上推行"多赢共生"模式，以帮助别人、成就别人、发展自己，以数据和规则打通供应链障碍，打造多方共赢的平台生态系统。广义化C2M定位于社会资源匹配效率的宏观层面，实质是利用定制思维与市场化、平台化的方式桥接供需两端，降低资源匹配的成本，最大程度提升资源的合理化配置，优化供需结构、供需质量和供需效率，推动供给侧的深入改革。具体而言，广义化C2M中的"C"端可以理解为具有潜在需求的消费者、用户、员工、企业甚至是某一类别的生态系统的集合；"M"端则是供给方，包括资源、企业、系统与平台实体，也包括供给与服务等；"2"则是代表以数据链接需求（C）与供给（M）的过程，这一过程中企业需将潜在的需求信息和与之匹配的供给资源数字化，发挥数据的价值，指引供给方与需求方联动。数据价值释放的背后蕴藏了大量由算法驱动的复杂计算过程，根本逻辑是实现供给资源配置效益的最大化（如图5-4所示）。

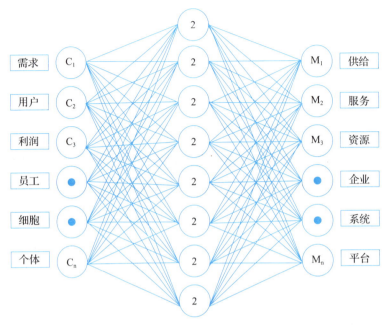

图 5-4　广义化 C2M

资料来源：酷特智能公司。

互联网、大数据及智能制造设备的出现为信息的实时交互提供了可能，"C"端各个主体将数据上传到平台上就可以实现与利益相关者的实时对话。酷特智能基于广义化 C2M 建立的供应网络打破了传统供应网络的束缚，各个主体在数据面前都是平等的，无论是细胞单元、企业、系统还是平台，都可以进行交互，掌握最新动态信息、对环境变化最了解及有此方面专业知识的主体可以第一时间做出决策，并及时触达各方。这就是基于数据的规则，信息永远是流向需要的主体，做决策的永远是对此事件最了解的主体（如图 5-5 所示）。

酷特智能在重塑主体之间的关系时，融入了强弱关系交互的基因。在培养量体师的过程中，很多企业担心自己培养的量体师会跳槽，而酷特智能不存在这方面的担心，因为它培养的量体师与公司并非是以强联结为核心的雇用关系，而是以弱连接为纽带的合作伙伴关系，他们被称为"共享量体师"。量体师只需要在用户产生量体需求时开展量体服务即可，其余时间可自行支配；更广义而言，任何人实质上都能够成为酷特智能的专属量体师。当然，这只是酷特智能在打造供应生态过程中的一个缩影，它预示着企业在重塑网络成员关系时需要考虑强弱关系的相互转化，企业只有做到"开放"才能够实现资源整合，最终释放价值网络效应。

酷特智能构建的新型供应生态是动态转换的，广义化的C2M模式其C端与M端不再是固化的，M端也不再隐藏于C端之后，它们之间的角色是交替出现的，根据不同的情境选择最适合自己的角色，做出最合理的决策，这是酷特智能供应链生态化的优势。

供应生态的价值体现

酷特智能建立的供应生态与全球互联互通相结合，其创造的不限于商业价值，从更深层次而言，它所创造的是有益于世界进步的社会价值，亲力亲为地推动了工业文明的发展。万变不离其宗，这一切皆源自酷特智能对组织观与经营本质的体悟，内可围绕源点论打造家庭式细胞单元的组织形式，外可联合上下游服务商打造供应生态，在追求利润的过程中发挥自身数字化的能力优势，拉动供应链主体共同创造价值。这样看来，企业与人无异，同样也具有"自燃"的属性。明确企业经营的宗旨，正确引导利益相关者学习，克服组织外部文化的差异，使所有主体围绕同一目标做事，这便是供应生态的缔造法则。

数据治理：酷特智能管理演化新物种的实践

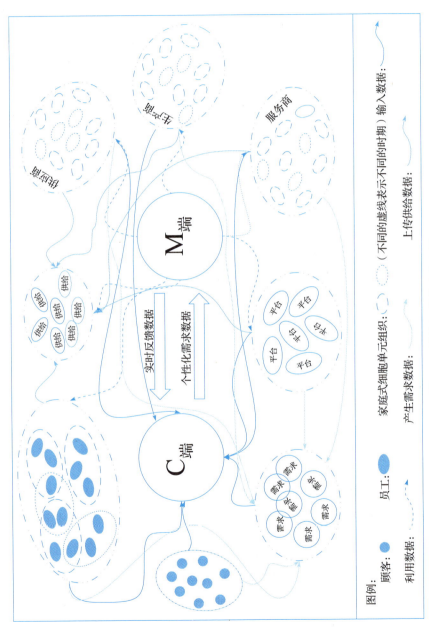

图 5-5 酷特智能供应生态图

放眼时代变迁，企业传递价值的载体发生了明显的改变。在传统商品经济时代，价值的载体是产品，企业关注的是产品提供的功能是否符合客户预期；互联网经济时代价值的载体是网络流量，企业聚焦于平台网络规模的扩张，力求"以量制胜"；如今万物互联，价值载体转变为围绕生命周期的服务，强调更深层次的交互。从演化的脉络中不难发现，企业创造价值的载体由企业内部转型到关注企业外部，最终走向内外持续的动态交互。企业所面临的不再是用户想要什么，而是用户以及满足用户需求过程中所涉及的一切利益相关者的共同诉求。因此，酷特智能是真正解决人类供需问题本质的社会企业，C2M供应生态是从"道"的角度寻求规律背后的规律，企业只有着眼全局地将"社会责任"置于企业发展战略的焦点中，紧跟国家发展之大势，才有可能成就百年伟业。

第 6 章

放射工程热量

酷特智能在近 20 年的变革过程中不断总结与提炼，开发出了一套有完全自主知识产权的转型升级、新旧动能转换的整体解决方案——源点论数据工程（Source Data Engineering，SDE）。其中，"S"代表"源点"，是用户的个性化需求，也是所有价值创造活动的源头；"D"代表"数据"，是新供应链上链接源点和满足源点资源的数据；"E"代表"工程"，既是一种工具包、一个成熟的产品，也是一套方法论，可以跨界进行复制迭代。本章重点介绍源点论数据工程的缘起、实施和未来商业愿景。

源点论数据工程的缘起

涅槃重生后的醒悟

2003 年，传统的服装市场已经陷入同质化竞争的"红海市场"。从

数据治理：酷特智能管理演化新物种的实践

德国和日本考察回来的张代理意识到，个性化定制是企业摆脱库存积压困境的理想道路，然而用工业化的生产方式搞定制化本身就是悖论。面对个性化定制这个"新物种"，众人看到的是不可能与不相信，张代理却发现了其背后潜在的价值。从最开始的自动制版，到大数据驱动下的智能流水线，尽管在今天看来一切都是那么合理可行，但转型的过程充满了削足适履与自我革命。经过16年的艰辛摸索，酷特智能终于建起全球领先的数据驱动的个性化服装工厂。

当今制造企业正面临着来自供给侧和需求侧的双重压力：从需求侧看，消费者的需求越来越个性化与多元化，更加追求独特的消费体验；从供给侧看，同质化生产陷入"红海"竞争，传统行业层层渠道式的供给方式早已不能满足消费者的即时消费习惯。在制造业转型升级的态势下，酷特智能依托打造个性化定制服装的C2M商业模式为供给侧结构性改革指明了方向，并迎来了包括阿里、腾讯、华为、海尔、美的、万科、联想、韩国服装协会在内的国内外多家企业参访团。这些纷至沓来的参访人群令张代理再次陷入深度的思考，回首以往的心路历程，他总是意味深长地说："改革开放成就了我，我现在要为这个社会做点事情。"如何让酷特云蓝的实践探索惠及更多陷入转型困境的中国传统制造企业，这是值得深入研究且意义重大的事业。

变革是痛苦的，更是牵扯到企业的方方面面。在推动生产方式变革的同时，酷特智能的盈利模式、组织结构和价值观念等也都在同步变化，奔赴在变革一线的张代理时刻在总结和反思"如何做好一家企业"这一根本性问题。在实践中慢慢推敲，在失败中逐步认清方向，酷特智能最终形成了一套体系严谨、成熟且可复制的治理体系。

"赠人玫瑰，手有余香"，酷特智能的成功转型为无数制造企业树立了数据化转型的榜样，并通过治理体系的推广为上百家企业完成了变革和改造，持续向社会输出工业价值文明。这既是酷特智能商业价值的延伸，也是张代理感恩社会、回馈工业的本心体现。

新管理革命的呼吁

当今世界正处于第四次工业革命的历史拐点，数字、物理、生物和人文四大领域的互动融合带动了全球经济的深刻变革。科学革命和工业革命共同催生了新管理革命的到来。基于对人性的重新认知与考虑，新管理革命正以"颠覆、重新定义、赋能"为关键词对传统管理理论形成摧枯拉朽之势，新场景、新物种和新生态持续上演[一]，所有的一切都在酝酿着下一秒如何变化。

新管理革命中的企业，只有不断主动地进化变革才能适应复杂多变的商业环境。学习与反馈、进化与更新应该成为企业发展的基因。[二]酷特智能从大规模生产到自我革命后的大规模定制，再到数据化C2M商业生态的构建，每一步都紧跟时代的节拍，在变化来临前提前进化，在变化来临时主动引领变化，商业环境的复杂多变反而成就了酷特智能的基业长青。

新管理革命中的企业，其管理思想一定是基于"还原本质"的[三]：主动冲破传统的被动式管理理念的桎梏，让事物回归本原。酷特智能坚守"固本清源"，认定"需求导向"，以企业赢得利润作为生存的根本法则，

[一] 周文艺. 生态战略［M］. 北京：机械工业出版社，2017.
[二] 陈国权. 面向时空发展的组织学习理论［J］. 管理学报，2017(7):982-989.
[三] 孙新波. 管理哲学［M］. 北京：机械工业出版社，2018.

以员工人性激活作为创新动力,以价值共创共赢作为合作理念。酷特智能以身作则,诠释了商业本来的面目,也对传统管理的不适切之处拨乱反正。

新管理革命中的企业,其战略必然是基于多向的非线性价值网络的。㊀ 所有的利益相关者都将成为价值共同体,共赢合作取代了过去的零和博弈。酷特智能通过数据开放平台的打造,汇聚了一大批优质的供应商、物流商和服务商,共同致力于用户个性化需求的满足。无数价值节点聚沙成塔,基于互动形成的价值观、行为准则和接口规范促成了自律合作系统的形成,共同打造"大规模定制"的复杂性以抵御竞争。

新管理革命中的企业,其结构必然是自治的、团组化的。㊁ 组织强调任务和价值导向,权力下放到一线员工。酷特智能基于人性激活的"家庭式细胞组织单元"模式有效提高了员工的创造性和任务执行的效率,裂变、重组机制更是有效保证了组织的灵活性和敏捷性。企业的组织结构经过改造后,形成多个围绕用户需求的细胞单元,它们之间相互连接,又共同面向市场和客户,在团结协作中创造更多的不可能。

新管理革命呼吁新的管理范式引领未来。在万物互联和人性激活的管理新情境下,酷特智能走在了时代前列——从管理思想到企业合作战略、组织设计以及个性化定制生产方式,都是面向未来商业的可资借鉴的模式,这无疑给变革困境中的企业带来了希望。因此,新管理革命需要酷特智能这样的杰出典范,需要它在新旧管理范式迭代交接的时刻去定义、反义和正义,贡献它独特的管理文明价值。

㊀ 杨学成,陶晓波. 社会化商务背景下的价值共创研究——柔性价值网的视角[J]. 管理世界,2015(8):170-171.

㊁ 周文艺. 生态战略[M]. 北京:机械工业出版社,2017.

源点论数据工程的应运而生

面对制造企业转型升级的迫切需求和新管理革命的强烈呼吁,酷特智能不断总结、反思过去变革过程中的经验,从变革和转型的土壤中提炼出一套企业转型升级解决方案的方法论——源点论数据工程,一方面可以帮助制造企业解决如何转型发展的难题,另一方面贡献其管理思想、管理方法和管理模式。

- 源点论强调在企业本质上的"固本清源",回归"企业存在的目的在于创造利润"这一根本生存法则,号召企业家不忘创业初心,牢记发展使命,在形形色色的商机面前保留一份坚守,守护一份事业。
- 强调始终坚持"需求导向",围绕既定目标尽可能调动一切可以利用的资源,以挖掘需求和满足需求作为行动出发点。
- 在管理理念上,强调由管理向平行治理的进化,注重企业内部与外部、不同职能部门之间的协和共振。
- 在管理手段上,强调数据驱动的治理体系建构,用数据取代直线命令,用数据的透明、共享和及时属性的激活提高组织内外部价值沟通的效率。酷特智能的源点论既是新管理革命背景下企业的经营哲学,又是企业进行变革发展的行动纲领。

数据是企业转型升级的核心资源要素[一],需求数据、供应合作数据、流程运作数据和平台运营数据等数据源成为酷特智能经营决策的重要依

[一] 冯芷艳,郭迅华,曾大军,等. 大数据背景下商务管理研究若干前沿课题[J]. 管理科学学报,2013(1):1-9.

据，也形成了数据治理体系的要素架构。数据本身的跨界可复制性、生成性和进化性催生了不同行业的数据共性，而数据的共性恰恰超越和覆盖了需求的差异性，数据规则和标准体系的建立则保证了解决方案的成功复制与实践落地。

工程代表了现实操作的系统性，强调为达到某种目的，有组织、有计划地进行一系列的建设活动。组织变革不是一朝一夕就能完成的，从实操层面看，它必然包括组织结构的调整、生产流程的优化和盈利模式的设计等，以及不同环节之间的相互联系与影响。因此组织变革升级本身就是一项庞大的系统工程，需要运用整合性思维进行系统分析，局域之间协同优化，切勿"头痛医头、脚痛医脚"。

综上，源点论数据工程是酷特智能将个性化服装制造的具象实践变成可以复制且通用的抽象法则，进而进行跨行业推广的一项开拓性事业工程。从生成逻辑来看，源点论数据工程将酷特智能变革的方法实践升华到引导企业转型发展的方法论，旨在创造更多的共同价值。

"星星之火，可以燎原"，点燃源点论数据工程的火把，酷特智能正在发光、发热，继续照亮更多企业转型前进的道路。

源点论数据工程的实施

由于工程本身的科学和建设属性，实施过程注定要按照一定的先后逻辑，有条不紊地循序渐进。源点论数据工程作为一项助推企业转型升级的伟大事业，具体的落地实施也是有章可循的，主要遵循以下实施步骤。

参观智能工厂，交流定制体验

拟改造企业的相关人员亲临一线，切身感受智能工厂的"庐山真面目"，听取专业解说员介绍大规模定制流水线的流程细节，在短期的感受交流中初步认清目前存在的差距，判断酷特智能模式是否为自身转型升级的标杆和想要实现的目标。有兴趣者还可以亲身定制符合个人偏好的服装，感受酷特智能强大的定制化水平。

课程专项培训，高层双向沟通

酷特智能开设组织再造、流程优化、盈利模式重构、供应链体系打通和全生命周期转型等多个专项课程，拟改造企业的相关人员可结合自身实际情况，有选择地参与课程培训，系统了解不同方面的欠缺和可能达到的理想目标，明确内部变革的可行性。与此同时，双方高层就拟改造企业的现状和酷特智能模式展开广泛的对比讨论，重点协商从哪几个方面进行改造，明确不同方面在本企业的可改造空间，探讨下一步的改造安排，双方初步达成一致性的改造意向。

现场调研诊断，把脉问题关键

酷特智能会针对拟改造企业形成专业的改造任务团队，组团前往企业内部进行调研和访谈，充分了解拟改造企业的经营和管理现状，找出问题关键之所在。

- 任务团队会同拟改造企业的高管进行战略沟通，明确企业的产品和服务业务、公司管理现状、资源整合和战略规划路径等。

- 围绕市场营销、设计与研发、生产制造、原辅材料仓储、采购及供应链管理、人力资源管理和信息基础设施建设等方面展开全方位的调研,双方参与人员共同进行诊断分析,对拟改造企业的各模块业务流程问题进行结构化梳理,并形成对拟改造企业运营的实际分析报告。

设计转型蓝图,改造规划反馈

任务团队结合拟改造企业的发展目标和实际存在的问题,先提前规划企业转型升级与未来发展需要匹配的战略资源;然后从信息化系统总体架构、智能工厂顶层设计和盈利模式分析方面进行顶层架构设计,并针对各模块的具体问题设计改造蓝图;最后明确改造实施的执行步骤、规划和资金投入情况,形成《SDE工程诊断调研报告书》,并将改造规划及时反馈给拟改造企业,为改造实施做好充分的前期准备。

工程实地改造,后续持续跟进

任务团队进驻拟改造企业内部,有针对性地进行改造作业。根据拟改造企业的需求和目标,具体的模块改造内容可以分期实施,也可以一步到位,项目改造周期为3～6个月。具体的改造内容涉及组织变革、流程再造、客户交互、智能研发、智能排程、柔性制造、供应链体系打通等C2M的全流程、全生命周期转型改造。此外,酷特智能会与完成改造的企业保持沟通,及时发现企业可能产生的新的改造需求,以待后续进一步展开合作。

通过以上改造步骤,源点论数据工程将"酷特模式"在纺织、机械、玩具、珠宝等几十个行业的几百家企业中成功复制，帮助它们实现了由 B2C 模式向 C2M 模式的转型，由大批量制造到多品种小批量生产或个性化大规模定制的升级。

源点论数据工程的热量

源点论数据工程赋能企业打破了内外部边界，以数据实时驱动用户、员工、供应商、服务商在同一平台上连接与交互，促使利益相关者以用户需求为目标，快速调度和匹配资源，精准、高效、快捷、智能地满足用户的个性需求。因此源点论数据工程本质上是在输出一种全新的泛在连接的价值关系，一套适切新管理革命的企业生存法则，一个命运与共的管理理念。从内容细节上来看，源点论数据工程借进化之力，行演化之道，在模式、组织、流程、工具和观念五个层面放射适应性变革的热量，助力越来越多的企业迈上高质量发展道路。

盈利模式重构

在供不应求的消费时代，"以产定销"逻辑下的生产经营方式让制造企业赚得钵满盆满。然而低门槛式的价值掠夺很快遭遇了"人满为患"，产品被无情地积压在仓库中，成为企业的"负资产"。酷特智能打通了生产端和制造端的边界，以 C 端的需求数据实时驱动 M 端的智能制造，"以销定产，先卖后做"，实现了盈利模式的颠覆性重构，在满足客户个性化需求的同时，也把企业从库存积压中解放出来。因此，消费后再生产的盈利模式在供过于求的经济时代无疑给制造企业打开了一扇天窗，也是企业在新管理革命背景中"脱旧向新"的理想之路。

组织结构设计

有竞争力的盈利模式更需要高效、敏捷的组织去执行。以功能性组织、事业部组织和地区性组织为代表的组织形态，无一例外都是建立在业务分割基础上的分工式结构，强调管理的层级和人员与岗位的匹配，适合企业在稳定的商业环境中提高效率。㊀随着市场环境的日益复杂多变以及员工个体主观能动性的激活，企业需要采用更灵活、迅速、可以规模化且具备高容错性的小型自治团队，形成相互嵌套和协同的自组织体系。㊁酷特智能通过变革激励机制，让员工根据特定的任务目标自发组建成"家庭式细胞组织单元"，去层级、去部门、去审批，让信息和机会平等地在员工之间流动，促进员工个人专长得到充分的发挥，实现了组织多元复杂任务的灵动承接。因此，互联式团组化的组织结构给企业运营提供了源源不断的创新动力，也是企业以自身主动变化来适应环境变化的必然选择。

生产流程再造

福特流水线式的生产流程极大地提高了生产制造效率，但千篇一律的流水线产品也让消费者在这个物质富饶的时代失去了购买欲望。个性、偏执、多样化的消费需求让昔日以效率著称的同质化生产流水线黯然失色。制造企业只有在兼顾生产效率的同时提高生产流程的柔性，追

㊀ 周文艺. 生态战略［M］. 北京：机械工业出版社，2017.
㊁ 胡国栋，王晓杰. 平台型企业的演化逻辑及自组织机制——基于海尔集团的案例研究［J］. 中国软科学，2019(3):143-152.

求多元化的产出,才能跟上消费者需求变化的步伐。然而,生产效率与柔性本身就是一对悖论,如何让两者并存且互补呢?酷特智能通过数据驱动的手段完成了"工人—工位—工事"三者之间的灵活对接,实现了对流水线效率和柔性的双元赋能,跨越了大规模生产与个性化需求之间的鸿沟。因此,兼具效率和柔性的双元式生产流程是快速满足消费者个性化需求的后盾,也是企业提高制造价值的关键寄托。

转型工具选择

"工欲善其事,必先利其器",在追求透明、共享、效率、在线和动态交互的商业时代,数据驱动成为企业进行系统功能架构设计的理想选择。酷特智能充分挖掘数据本身的潜能,依赖数据驱动分别衍生出了以数字化生产制造执行系统、智能排产系统、智能仓储管理系统和物料采购系统为代表的一系列多任务协同解决方案,并通过数据的泛在连接和跨界共享实现了企业的智能化治理。制造企业的智能化和数据化转型绝不仅仅是引进先进的智能设备那么简单,智能设备只是解决问题的工具和手段,真正让数据驱动成为企业系统功能架构的基因,依赖数据驱动治理企业生产运营的方方面面,才能达到"事半功倍"的转型效果。

管理观念进化

传统管理工程规划下的"事无巨细"以及管理科学控制下的"物以群分",在如今万物皆数的透明时代自然而然得到了最好的安排。伴随着人性意识的苏醒,基于"人性"这一核心假设的新管理观念正在冲击着传统管理地带。无论是领导的授权赋能、员工的活力激发、用户的需求至上，抑或是利益相关者的合作共赢，都在呼吁人性在某一点上达到和谐存在，因此传统以事和物为主导的管理理念需要逐渐向人性倾斜。酷特智能坚持以人为本，以员工职业发展和合作伙伴共赢为己任，在数据驱动下实现了由管理到治理的观念和行为进化，充分激发了"人"的主观能动性，实现了组织内外部人性的和谐共存。因此，基于人性的治理观念是新管理革命背景下组织无量发展的软性支撑，更是现代企业管理观念进化的必然方向。

第 7 章

搭建治理平台

酷特智能的转型之路是从管理到治理的探索之路。基于人性释放的角度，酷特智能以客户需求为源点形成了系统的治理体系，包括需求侧治理、供给侧治理、供需对接的业务流程治理及平台治理。其中，需求侧治理包含用户主权归还、赋能用户需求表达，以及从客户关系管理到用户关系治理的转变；供给侧治理包含合作伙伴及其关系治理、企业内部组织和员工治理等；业务流程治理包含大规模流水线服装定制业务流程治理和数据工程输出业务流程治理。无论是从需求侧抑或是供给侧，酷特智能均能以灵活的治理手段为平台治理添砖加瓦。

本章聚焦酷特智能平台生态的治理逻辑，通过需求侧和供给侧的角度探讨酷特智能合作平台的治理方式和治理理念，为其他平台生态的治理提供借鉴。

数据治理：酷特智能管理演化新物种的实践

需求侧治理

需求侧治理主要是面向用户的治理。酷特智能对用户的治理创新主要体现在用户主权的归还，以及运用数据及数据技术赋能用户需求的表达，最终实现从客户关系管理到用户关系治理的转变。

用户主权归还

过去囿于产品和服务的短缺，用户在消费过程中少有选择的余地。今天，经济社会发展繁荣，物质极大丰富，用户对自身主权的诉求欲望比以往任何时候都要强烈。如果用户需要为企业的最终产品和服务买单，用户便有权力选择让自己满意的产品和服务。作为一切市场行为的出发点和归宿，用户在商业关系的权力结构中应"天然"地居于主体性地位，但在传统商业活动的复杂环境下，这一地位并未得到彰显。[一]此外，企业面临空前庞杂的个性化需求的挑战，要求企业能够为用户乃至整个社会提供个性化的产品和服务，满足用户异质性的需求，而传统的产品或服务对多种类用户的解决方案仍旧表现得苍白无力。"时止则止，时行则行，动静不失其时，其道光明。"（周易·艮卦）互联网时代，只有当企业的生产和行动奠定了为随时变化的用户需求提供产品或服务的基调，才能实现真正意义上的"其道大光"。对此，酷特智能提供了自己的解决方案，即大规模流水线定制模式：皈依用户本位，尊重用户诉求，归还用户主权，实现用户主导型经济模式。

[一] 奚路阳，程明. 主体性地位回归：客户增权及其实现路径［J］. 商业经济研究，2018(2):21-23.

酷特智能的用户不仅包括服装定制用户个体（consumers），还包括需要进行转型升级指导的企业和单位（businesses），但无论是2C还是2B，都需要为其提供个性化的产品和服务解决方案。

- 首先，皈依用户本位要求企业经营转变过去以企业为中心的思维，转向以用户需求为中心的产品研发设计、生产制造、销售与流通和服务模式。
- 其次，尊重用户诉求要求企业提升自身对用户个性化需求的满足能力，包括对技术、知识、资本等资源的整合能力。
- 最后，归还用户主权要求企业充分尊重用户。现实中很多企业只是简单地为用户在消费过程中产生的不满情绪提供释放渠道，实际上并没有解决用户的诉求。究其原因，一是企业能力不足，二是责任划归不明确。显然，长此以往地搁置用户诉求会使用户的不满意值达到爆发的奇点，最终导致用户流失并影响企业经营。

归还用户主权的主张与平台用户交互共生。酷特智能通过协调平台合作伙伴之间的优势（资源和能力），及时、保质、绿色地满足平台用户的需求，降低平台用户需求满足成本，同时提高平台用户的满意度，实现用户价值。平台用户在需求满足过程中涌现出的问题能够倒逼企业对平台规则和制度进行反思，进而采取必要的措施（合理诊断、征求平台合作伙伴意见和平台用户意见）对平台的规则和制度进行改进，推动整个平台生态的进化。具体而言，酷特智能提供完善的用户反馈渠道，并且依据反馈信息驱动自身功能完善与能力提升，实现用户主权驱动的平台进化。酷特智能成就了平台用户的需求满足，平台用户成就了平台核心企业的利润追求，两者交互共生。

赋能用户需求

用户有个性化的需求，但并不是每个用户都具备准确表达自身需求的基本知识，以致在平台中面对不可胜举的需求资源时不知所措。在经营中实现用户需求导向要求企业提供友好、便捷和高效的用户需求表达辅助机制。为了促成交易，平台需要提供引导性的检索机制，帮助用户进行需求画像的描绘和表达。而这种机制本质上是平台对用户需求的捕捉，应提供尽可能贴切的资源引导，通过多级（多次）的轮廓计算，不断逼近和还原用户的需求画像，进而提供有针对性的产品和服务。这个引导过程会随着用户对自我需求表达的模糊程度上升而变得更加繁杂，会在造成供需匹配效率低下的同时占用过多的平台网络资源。

数据资本是归还用户主权的关键，数据赋能是平台核心企业实现数据驱动供给侧资源整合的关键。[一]酷特智能通过平台沉淀的数据和数据技术赋能平台用户进行需求表达，并高效地协调平台资源满足平台用户的个性化需求。针对大规模流水线定制的业务，一方面，酷特智能创新了三点量体法，用标准、简易的方式辅助用户准确描述需求参数，进而驱动贴切的产品研发设计和生产制造；另一方面，酷特智能对所提供的产品进行模块化细分，并且针对单个细分的模块提供多样化的选择基

[一] 孙新波，苏钟海. 数据赋能驱动制造业企业实现敏捷制造案例研究［J］. 管理科学，2018(5):117-130.

样，基于可视化的自由拼接交互渠道让用户可以根据自身喜好进行产品的自由组合。针对数据工程输出业务，我们可以分三步走。

- 首先，将自身转型经验梳理、归纳和总结，将其数据化、知识化、标准化和平台化，形成一套可定制的企业转型解决方案。
- 其次，建设知识遗传的赋能平台。酷特智能的转型专家团队深入企业现场，其"望、闻、问、切"的程序、标准、表单和工具都是在大数据平台的支持下完成的。现场的服务专家只需要按照标准搜集、抓取用户的需求点，平台通过设定的算法和模型就可以自动准确地把握企业经营的症结所在，进而提供具有针对性的解决方案。
- 最后，在持续不断的转型升级自我探索和对外部企业的转型辅导中，用反向完善、优化自身的转型解决方案推动整个供给侧的共生进化。

酷特智能将自身通过多年探索实践的价值观、方法论、数据处理能力、信息技术能力、转型知识体系、平台治理能力等赋能用户（个体和企业），实现了数据赋能需求侧的良性治理。在这个过程中，酷特智能逐步提高了自身对用户个性化需求的满足能力，不仅解决了制造企业长期以来的库存难题，以及指导目标企业转型的日常生产经营管理难题，还提高了用户满意度，实现了与用户的价值共创和共享。

CRM 到 CRG

客户关系管理（CRM）是企业经营的主要活动之一。客户关系管理的核心是客户价值管理,它将客户价值分为既有价值、潜在价值和模型价值。它的实质是聚焦于服务期内外的客户关怀,通过一对一营销满足不同价值客户的个性化需求,提高客户忠诚度和保有率,实现客户价值的持续贡献,从而全面提升企业的盈利能力。^㊀事实上,绝大多数企业都意识到单纯的用户关怀并不能明显提高用户的忠诚度和保有率,相反,频繁的、不合时宜的打扰可能还会使用户厌恶,导致用户流失的风险。酷特智能认为用户关系不应该依靠企业低声下气的服务来保持,真正提高用户忠诚度和保有率的秘诀在于不断提高单次交易产品的价值以及交易过程的服务价值。由此,酷特智能发展出了**用户关系治理**(CRG)的概念。酷特智能的平台生态不会刻意去做用户关怀的工作,而是将对用户的关怀融入每件产品和服务的每个细节中。这种用户关系治理的精髓就是基于数据本位的治理理念,从用户诉求出发,做到贴近用户关怀、实现用户价值和赢得用户忠诚。

酷特智能拥有优质产品、高阶服务、庞大的数据资源、数据技术优势和平台优势等,具备了超强的用户吸引力。酷特智能的用户关系治理理念摒弃了传统客户关系管理的单向思维,抛弃了自我经济利益导向的纯获利思维,不再单方面地强求用户的价值贡献,而是转向利他而自利、利他而共利的双向共赢共生思维,通过合作的方式与用户共同创造价值并分享价值,与用户共同进步,实现企业与企业、企业与用户的共治、共享、共创和共赢。酷特智能对需求侧的治理逻辑如图 7-1 所示。

㊀ 摘自 MBA 智库百科,https://wiki.mbalib.com/wiki/ 客户关系管理。

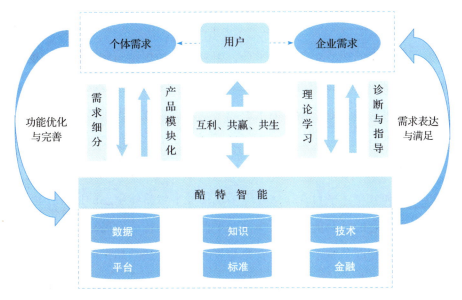

图 7-1 酷特智能对需求侧的治理逻辑

供给侧治理

供给侧是相对需求侧而言的,涉及满足需求侧过程中的供给网络,包括网络节点(主体)和网络链条(主体间关系)。供给侧的治理对象包括合作伙伴(上下游合作伙伴、利益相关的其他社会主体)和企业自身(包括内部组织单元及组织单元成员),以及这些主体间相互多重的关系。一如李平所言:"中国文化背景下个体间多重的、形形色色的关系就像'中华五彩结'。"在供给侧的核心企业外部相关主体间和核心企业内部员工间,出于不同需求的满足要求,会呈现这种多重性的、强弱不一和远近不同的关系。即供给主体间关系协同会根据需求侧的需求差异,在交互过程中呈现出用户价值创造的"差序格局"。

合作伙伴及其关系治理

平台生态的核心企业构建平台，引领平台的规则与制度制定，并积极吸引外部资源和能力的加入，推动平台走上自生长和自进化的正轨。合作伙伴可能出于业务拓展需求、战略联盟诉求或是谋求新发展机会等动机进入平台生态，成为其中的一员，通常会为平台带来自己的优势资源（资金、技术、产品等），通过贡献自己的资源或能力优势参与平台价值的创造和分享。平台合作伙伴除了能拓展平台整体生态的边界，也能提升平台生态的既有能力，最终推动平台生态的持续发展。虽然平台生态的规则和制度是整个生态所有参与者的共同智慧结晶，但具体的落地还需要核心企业的执行和平台参与方的辅助。核心企业通过协同平台诸多合作伙伴的能力和资源优势以及需求诉求，构建更加适宜平台价值创造的条件和环境，帮助平台合作伙伴更快、更好地面向需求进行价值创造，最终共享平台生成的价值。酷特智能基于自身的数据资源、技术与能力，同平台生态中的合作伙伴产生链接和交互，为其他企业赋能，帮助它们成长和成功；反之，平台生态中的合作伙伴通过贡献自身的能力、资金、资源和技术等，能够提升平台生态的资源整合效率，放大自身的价值。

酷特智能的合作伙伴治理同样面向用户需求，以价值创造为中心，借由数据资源和数字化技术，支持、监控与合作伙伴价值共创与共享的起点、过程和终点。在平台价值创造过程中，合作伙伴间的关系常常会被归入两个范畴——相辅相成的互补关系与同质竞争的对立关系。对于合作伙伴的关系治理，酷特智能设计了一套公平公正的数据赋能规则和治理体系：一方面，互补的合作伙伴通过协同彼此的资源和能力，可以很好地响应平台用户的需求，形成互补相生的网络关系；另一方面，竞争的合作伙伴间关系治理基于价值创造能力的高低进行优胜劣汰——谁能更加高效、绿色、优质地提供平台用户需求所带动的细分资源和能力，谁就能在这场竞争中胜出，竞争失败的合作伙伴通过自身态势的转变（如能力提升、成本削减、产品质量提升等）而有可能在新一轮的竞争中获得胜利，而持续竞争失败的合作伙伴则会被生态淘汰。一如自然进化的规律，平台生态需要这种合理程度的良性竞争，以获得持续发展的能力和不断革新、不断进步的自生长机能。在整个协同和竞争过程中，数据化、标准化和平台化的思维及技术手段贯穿始终，构成了酷特智能数据驱动价值创造的网络体系。合作伙伴间的协同互补提升和完善了平台生态的价值创造能力，合作伙伴间的良性竞争推动了平台生态价值创造的高效、绿色和优质，这两种关系促进了平台合作伙伴的健康可持续发展。基于数据赋能与治理理念，酷特智能与合作伙伴共同推动了平台机制的进化，也推动了酷特智能平台商业生态的进化。

企业内部组织员工治理

尊重人性，在组织层次上要强调自组织，在员工层次上要强调自管理。组织的扁平化与柔性化是今天诸多企业组织变革的焦点。深入了解组织变革的动机，规避传统层级组织的僵化与低效是绝大多数企业的共同认知。就酷特智能而言，组织扁平化与柔性化不仅仅是为了摆脱层级管控的僵化以应对错综复杂的经营环境，尊重人性并实现组织的自进化是更高的追求。这样的追求根植于高层领导对人性的执着："企业内部

数据治理：酷特智能管理演化新物种的实践

组织不仅是为了完成工作任务而存在，还要兼顾组织内部成员的健康成长，组织应该充满爱！"酷特智能的组织变革经历了从"职能制—中心制—大部制"到今天的"二维网格化"的无边界组织形态，在其组织的整个进化过程中，变的是组织结构，不变的是对人性的关注。酷特智能的家庭式细胞单元组织完全面向价值创造活动的自循环、自进化，组织单元内部成员间相互协同、相互补充和相互包容。在酷特智能的二维化网格组织中，谁都可以是中心，但谁也都不是中心，不会再有领导的耳提面命，唯一的驱动力量和依托是数据，唯一的核心标准是价值。

酷特智能的员工治理主要体现为对员工的赋能。①从组织结构上赋能员工。持续不断地探求协调企业利益与员工发展的组织结构的动态均衡，将传统层级高层的资源支配权、人事权、激励权等授予解决问题的组织成员，让员工从传统权力结构的繁杂琐碎中解放出来，从而更加高效地从事创新创造活动。②从心理上赋能员工。崇尚人性，尊重个体，让员工在企业的经营过程中不再抱有为别人打工的观念，让"我为自己工作"的主人翁意识在他们心里扎根，从心理上给予员工安全感、归属感、自豪感和责任感。③从资源上赋能员工。员工只要从事符合价值创造的活动，就会得到企业资源的无条件支持；在自管理的组织单元中，领导不再拥有对资源的独断支配权，而是面向需求满足的用户价值创造活动；员工可以调配企业所有的显性和隐性资源，企业自然也无条件配合。

酷特智能对员工的治理，一方面，员工治理依赖规范透明的组织规则与制度。赋能员工，要让员工准确地知道自己要做什么、做到什么标准，提高员工的工作效率，不浪费员工的精力和时间，将员工从每日繁重的工作中解脱出来，拥有更多与亲人和朋友相聚的时间。换言之，企业拥有合情合理的组织规则与制度才能获得组织成员的拥护，组织设计规则与制度的唯一准绳是让员工在工作中能够更加高效便捷、幸福快乐，帮助员工更好地理解和掌握工作流程、技巧与方法，而不是让员工在自我价值实现的过程中受到条条框框的管制。只有让员工获得幸福感，企业的管理与治理才会获得理想的结果，正如"反管理"的特点所表征的那般，"从幸福快乐出发，并在过程中追求幸福快乐，其结果也是幸福快乐的。"⊖

另一方面，员工是企业最强有力的竞争优势，"人力资源管理是公司商业成功与持续发展的关键驱动因素"。⊜因此，企业要感恩员工，与员工共享企业发展带来的红利。哪怕企业有一丁点的成就，也要感谢每一位员工的辛苦付出，最大限度地从物质和精神上给予员工回报，为员工提供良好的工作环境，最终在组织单元内部形成员工自我管理、自我激励的自文化氛围，促使组织单元间、组织单元内部成员间的同频共振，进一步带动企业内部甚至外部的全要素协和共振，驱动企业高效运转，创造企业价值，与员工共同成长。一个企业取得成功有两个关键因素，一是方向要大致正确，二是组织要充满活力。酷特智能在企业经营过程中，始终坚持尊重人性这一基本方向，赋能员工保持组织活力，成为数据治理企业中的典范。酷特智能将资源看作一种前置的能力，其供给侧的治理逻辑如图 7-2 所示。

⊖ 孙新波，张大鹏，张浩，钱雨. 自发性对称破缺下的"反管理"研究[J]. 管理学报，2017(7): 973-982.
⊜ 摘自微信公众号"王育琨频道"。

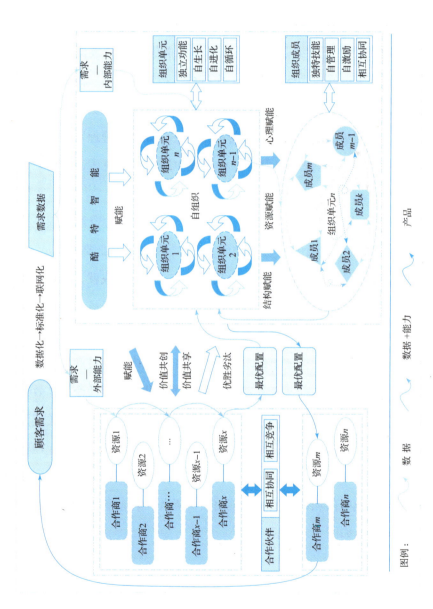

图 7-2 酷特智能供给侧治理逻辑

业务流程治理

酷特智能新动能治理工程研究院的主营业务是 SDE 转型方案的输出，同时为了支撑 SDE 的不断完善和更新，公司还保留有大规模流水线服装定制实验工厂（原酷特智能生产工厂）的定制业务，实验工厂不仅对内满足实验需求，也对外接受定制业务。

服装定制业务流程治理

业务流程治理包含了在供需对接过程中涉及的主体及主体间协同关系的治理。在酷特智能的服装大规模流水线定制中，用户需求是唯一驱动要素，数据技术是这一驱动要素的加速器，价值创造是唯一导向。借由标准化的流水线模块化分解体系，用户需求数据驱动供应商伙伴的物料配送、服装主体裁剪、员工缝纫与熨烫、产品组合分拣及出库配送等，基于数据信息交互实现了研发设计和生产运营过程的人机高度融合。

准确地说，酷特智能的大规模服装定制业务流程治理是基于用户需求的数据驱动实现的，是智能用户交互系统、供应商协同系统、内部组织治理系统、智能生产执行系统和客服支持系统协同共振，多主体间跨边界、自动化、智能化、可视化的统筹治理体系。首先，通过前端用户入口提供的定制助理、店面体验和量体小程序等交互接口，酷特智能将用户的需求进行标准化和数据化，标准化的需求数据在供应商协同系统、组织治理系统和智能生产执行系统间按需流动。其次，供应商协同系统在标准化需求数据的驱动下完成资源和能力（物料、资本、技术和服务等）的联动，进而各供应商的资源和能力实时地到达酷特智能的智能生产执行系统。此外，用户标准化的需求数据同样会即时驱动组织治理系统，驱动酷特智能内部资源和能力的协同整合。智能生产执行系统整合来自供应商和组织内部的资源及能力，完成智能研发设计、智能排程、智能物流及工控和仓储等，并在智能生产执行过程中基于用户标准化的需求数据实现生产制造员工和设备的高度融合，实现流水线作业。酷特智能的数据驱动业务流程治理逻辑如图7-3所示。

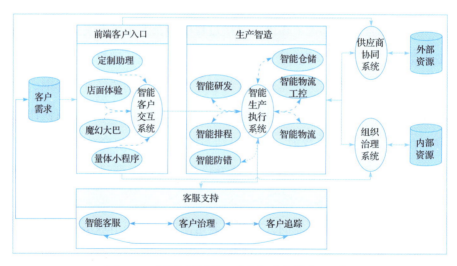

图 7-3　酷特智能数据驱动业务流程的治理逻辑

SDE 转型方案输出治理

今天的酷特智能正逐步转型为一家"以服装智造为实验室载体，为企业提供智造转型升级的导师型企业和解决方案提供商"，致力于源点论数据工程的探索与发展。酷特智能源点论数据工程的焦点同样是数据及数据技术的运用，其理论来源与探索根植于全价值链数据驱动的大规模流水线定制的智能制造实验工厂。酷特智能的源点论数据工程对外输出的是一整套转型方案，包括治理体系、转型思维、实现路径、过程辅导、组织变革、流程再造、数据服务、软件开发、设施服务、SaaS 和 PaaS 服务、双中台（业务中台和数据中台）服务、颗粒功能薪酬体系等，主要包括工厂级、集团级、行业级的治理平台建设。其输出流程见图 7-4。

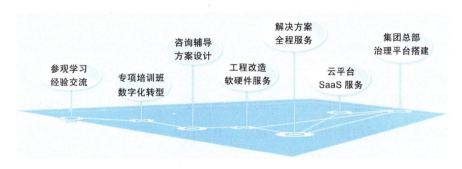

图 7-4　酷特智能源点论数据工程输出流程

酷特智能源点论数据工程输出业务已形成了平台化的量身定制模式，抽取各行业相同的运行逻辑搭建模型，形成定制化的底层服务平台，再根据各行业的特点及客户需求进行配置和定制服务。酷特智能已将其数据工程知识化，帮助企业转型升级，可以理解为知识的转移。知识化的转型体系、数据化的服务、平台化的运营，使得整个输出业务不再依赖于专家和个人能力，这从根本上减少了转型企业的转型成本，同时也帮助酷特智能更好、更快地帮助更多的企业实现转型。

值得一提的是，通过源点论数据工程的推广，酷特智能实现了对转型企业的赋能。转型企业借助酷特智能提供的良好的价值创造平台，拓展并提高了自身的业务能力。在此过程中，酷特智能成功地扩充了自己平台生态的用户，提高了平台商业生态的价值。借由转型方案的输出，酷特智能很好地将自己的治理方案推向了外界，实现了与外部企业的关联，与外部企业同频共振，推动了更多的跨界整合创新，这不仅促成了酷特智能与转型企业的业务成功，也在实践中不断地检验和完善了这一套治理体系。

平台治理

经过早期的野蛮生长，今天的诸多平台面临着很多发展瓶颈：管理混乱、运营成本居高不下、增长趋缓、用户沉寂、基于平台的数字化转型失败等。为进一步推动平台的稳定健康发展，诸多平台引领企业都在探寻平台发展的健康路径、方法、工具和样本。那么，平台健康持续发展的路径、方法和工具到底在哪里？有没有可以借鉴的案例？酷特智能的成功经验给了我们肯定的答案：平台治理。

定义平台治理

关于平台治理的定义有很多。艾森曼（Eisenmann，2006[1]）将平台治理定义为：明确定价和参与者权利与义务的一系列规则。埃文斯（Evans，2012）[2]从法律角度将平台治理定义为一种基于管理规则的私有性控制，是对负面网络效应的防范机制。Iansiti & Levin（2004）[3]、

---

[1] Eisenmann T Parker. Strategies for Two-sided Markets[J]. *Harvard Business Review*, 2006(10):92-101.

[2] Evans D S. Governing Bad Behavior by Users of Multi-sided Platforms[J]. *Berkeley Technology Law Journal*, 2012(2):1201-1250.

[3] Iansiti M, Levin R. Strategy as Ecology[J]. *Harvard Business Review*, 2004(3):68-78,126.

Ceccagnoli（2012）[一]等学者认为平台治理是平台拥有者为平台用户提供的各种服务和政策，这些服务和政策能够改善市场竞争状况，激励产品供应者为平台市场不断供应新产品，增强平台市场的间接网络效应。这些定义面向的都是传统的平台概念。酷特智能根据自身的实践探索将平台定义为：平台是支持交易的环境和条件，平台应该包括交易的现实场景和虚拟场景以及交易涉及的要素及要素间关系。

结合酷特智能的实践，本书将平台治理定义为：由平台核心企业引领全体平台参与主体，共同为维持和提升平台的稳定及健康运转而规制的系列规则。平台治理的目的是维持和提升平台的稳定及健康运转，其实现依赖于平台完善的规则与方法，而这些规则与方法由平台引领企业带领平台全体参与者共同制定和完善。

平台如何治理

"要么成为平台，要么加入平台"是酷特智能从管理到治理过程中总结出的实战经验。酷特智能将自己多年的经验凝聚为一整套成熟的治理方案，搭建平台集结社会各方资源，共同为客户和社会提供共享价值。酷特智能从数据视角、基于"数据加工形成信息，信息再加工形成知识"的逻辑将平台划分为数据平台、信息平台和知识平台，如图 7-5 所示。数据平台聚焦数据服务，例如阿里云数据平台提供阿里系接口接入的数据，贵阳交通大数据平台提供贵阳市交通终端设备（测速、摄像、交通事故调查结果录入设备）接入的数据等。信息平台聚焦信息服

[一] Ceccagnoli M, et al. Co-creation of Value in a Platform Ecosystem: the Case of Enterprise Software[J]. *MIS Quarterly*, 2012(1):263-290.

务，例如百度信息检索平台提供给用户信息检索的服务，淘宝平台提供给客户商品信息的服务。知识平台则聚焦知识服务，例如知乎平台提供专业的知识解答服务等。

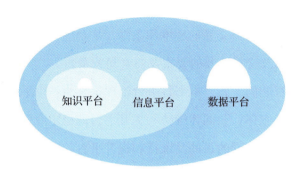

图7-5　酷特智能对平台的分类

酷特智能的平台治理融合了供给侧和需求侧以及供需匹配过程（业务流程）的治理体系。酷特智能将平台治理划分为终端（企业）平台、节点（园区）平台和系统（集团）平台三个治理等级，见图7-6。其中，终端平台是指面向用户的轻型平台，包含具有特定功能的企业群系，主要负责与用户的交互，实时在线接入用户的需求、反馈数据并传输给系统平台，驱动平台的资源与能力整合以满足用户需求。节点平台是具有执行功能的中间模块，强调过程的透明、控制和高效协同，主要基于平台转化的需求信息执行供需匹配，聚焦价值创造的路径和方法，最终产出符合用户需求的具体产品和服务。系统平台承载着企业的愿景和使命，是企业健康可持续发展的保障，它关注的是"责任、安全、效益、价值"等指标。

酷特智能的平台治理是对传统平台管理的全方位颠覆。首先，传统的平台管理方式是人治，强调人为的命令式控制，关注每个细节的管理，导致用户需求需要经历诸多横向边界、水平边界、内外部边界和时空边界才能触及供给侧，平台效率严重低下。酷特智能则致力于平台生态通用规则的设计，通过数据驱动实现平台内部主体的自治。其次，传统的平台管理通常存在一个下属对应多个上级从而出现"九龙治水"的情况，以致政令不一，下属无所适从，导致大量的时间和精力浪费在与上级的重复确认甚至猜测上级意图上。相反，酷特智能在平台治理过程中采用平行治理思维，通过数据驱动实现平台主体的自协同与平台资源的自整合。今天的平台治理需要实现运营平台化、过程数据化、结果数字化、后台智能化和全程可视化，借由完善、透明的平台规则引导平台生态核心企业、合作伙伴及平台用户三者交互共生，并在两两交互的过程中嵌入第三方的功能，通过数据驱动价值的创造与共享，实现平台商业生态的健康可持续发展。

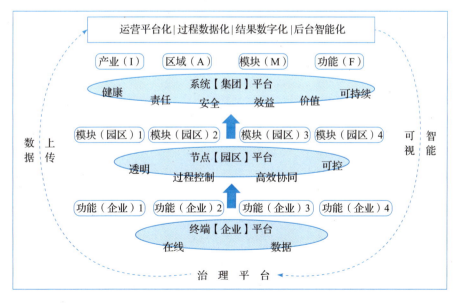

图 7-6　酷特智能平台治理逻辑图

第 8 章

构建共生系统

与自然生态系统中的单个物种一样，商业生态系统中的每一个成员，不管其表面多么强大，最终将与整个网络共命运。未来的竞争不再是单个公司之间的竞赛，而是商业生态系统之间的对抗。一损俱损，一荣俱荣，商业生态系统中任何一个环节遭到破坏，任何一家企业的利益被损害，都会影响到整个商业生态系统的平衡和稳定，并最终损害系统中的每一个参与者。

随着互联网的不断创新，商业生态系统的商业模式已经涌现。以阿里巴巴为例，马云在 2014 年美国上市的招股书中就写道："阿里巴巴的使命决定了公司不会成为一个商业帝国。我们坚信只有打造一个开放、协同、繁荣的商业生态系统，令生态系统的成员有能力充分参与其中，才能真正帮助到我们的客户，也就是小微企业和消费者。作为这一生态系统的运营者和服务者，我们倾注了所有的心血、时间和精力，用以保障和推动这个生态系统及其参与者更加蓬勃地发展。我们取得成功的唯一方法是让我们的客户、我们的合作伙伴成功。"酷特智能经过多年的实战经验累积,构建了一个基于数据资源、数据资本和数据资产的互联互通、相互扶持和相互交织的数据泛在商业生态系统。本章将从思维和行为相辅相成的角度诠释商业生态系统的建设过程及其内在逻辑。

系统衍生的思维模式

东方思维与西方思维存在根本上的差异,这些差异潜移默化地影响着东西方企业的运营模式。东方思维的"整—分—合"逻辑在形而上层面指导企业的发展和行为方式。酷特智能融合东方传统的整—分—合思维和西方的分析思维指导企业实践,形成了一套独特的数据治理理念与商业生态模式。

东方思维与西方思维之比较

东西方思维存在明显的差异,同时又各有所长。举个例子,中餐与西餐在上菜顺序上的差异,反映了东方思维与西方思维的不同。中餐讲究一次性上齐所有菜品,然后食客才开始进餐;而西餐则是一道道地上,吃完一道再上另一道。还有,中西医在治病理念上的区别也反映了东西方思维方式的差异:中医认为人体的各部分器官与系统是有机关联的整体,某方面的疾病可以通过整体调理来医治,中医的"头痛医脚,脚痛医头"就是整体思维的真实写照;西医则重点探究患病处的细胞和分子,侧重于"头痛医头,脚痛医脚"的靶向精准治疗。可见,西方思维追求的是概念分析和理性逻辑,东方思维更多的是从整体出发的微言大义。

在东方思维和行为中,整—分—合的逻辑始终贯穿其中(见图8-1)。东方思维的"整"强调的是万事万物的普遍联系,人们在认识和观察事物时,首先是从整体上对该事物加以把握,搞清楚事物的整体属性;其次是"分",即分析各个部分之间的关系与内在结构,这个环节与西方思维讲究的概念分析类似;最后是"合",即把分析后的各个部分的关系与内在结构进行总结,将其上升到新的高度。

在实际生产中,木匠的思维方式很好地体现了整—分—合的逻辑。木匠在设计一件作品时,首先是勾勒出作品的整体框架与结构,从而对作品整体做到心中有数;其次才是认真打磨作品的每一个细小的部分,力争把每个细节做到精益求精;最后,通过每个细小部分的精致设计与精雕细琢实现作品的升华。

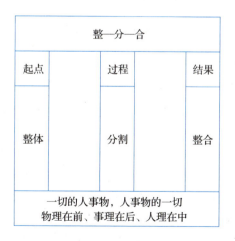

图8-1 整—分—合逻辑示意图

酷特智能的东西方思维

酷特智能从东方的整体思维出发，秉承尊重人性和释放人性的传统精神，走上了转型升级之路。同时，公司对西方文化持开放态度，并对其精髓进行整合，取其精华，交融两者，开创了一套全新的治理理念。

1. 传承东方："整体思维"筑基固本

中国传统的整体思维强调整体生成的思想。《易经》有云："易有太极，是生两仪，两仪生四象，四象生八卦。"[一] 在酷特智能，"太极"就是源点，一切都以需求为源点，由需求源点生成酷特智能的"两仪"，也就是"C"和"M"，即外部的用户和企业内部的员工。基于用户和员工，酷特智能提炼出四大基因：商业基因、业务基因、制造基因和管理基因，是为酷特智能的"四象"。最后，在四大基因之上，酷特智能形成了客服系统、管控系统、供应链系统、工程系统、品牌系统、数据系统、业务系统和行政系统八个系统，是为酷特智能的"八卦"（见图8-2）。酷特智能充分继承了中国古代哲学的精义与智慧，同时体现了中国传统文化所强调的人与自然的和谐统一。老子云："道生一，一生二，二生三，三生万物。"道家认为，天下万事万物皆是由"道"演变进化而来，即万事万物本同宗同归，正所谓"万物得一以生"，相融相契乃是天道。[二]万事万物之间原本就存在着联系，因此应该将其放在系统的整体之中来看待。酷特智能通过去科层、去部门、去领导化、去审批和去岗位，将所有员工作为节点落到同一平面上，使得员工与员工之间、

[一] 黄寿祺，张善文. 周易译注 [M]. 北京：中华书局, 2018.
[二] 老子. 道德经 [M]. 北京：中国华侨出版社, 2014.

员工与企业之间能够自由地沟通与交流，强调尊重员工的天性和践行自然人性。同时，酷特智能通过大规模定制建立起全新的 C2M 模式，打通了供应商、生产商和销售商之间的流通界限。酷特智能为员工设定了"人人自治"的目标，使其不再拘泥于自我封闭的小圈子，而可将视野拓展于万事万物所依赖的时空层面。酷特智能倡导的整体思维不计较利己，也不是将自身与自然界中的万事万物对换位置，而是站在生态圈整体的视角去思考、发现并解决问题。酷特智能秉承整体的信仰，使员工都能尽己所能与所长，当恰如其分之职位，为恰如其分之事业，也使器物都处在其良用之处，使事体都遵循其良策之道。

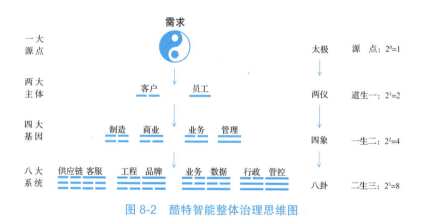

图 8-2　酷特智能整体治理思维图

在酷特智能，尊重人性的体现是家庭式细胞单元组织自治模式的施行，是为价值理性。价值理性强调对人性的关怀与呵护，尊重顺应人与人之间亲近和谐的天性。在家庭式细胞单元组织执行过程中，所有细胞单元的划分并非由领导层直接认定或是员工选举，而是员工根据自身需求与偏好，自动、随机、有序形成的，领导层基本零干预。此外，每个家庭式细胞单元组织中的细胞核,都是团队内部人员根据主管的信赖和偏好产生的,这样形成的组织具有超高的团队凝聚力,并且能够高效地协同完成团队目标。酷特智能的家庭式细胞单元组织下的领导力与以往的服务型、交易型和变革型领导力不同,而是通过尊重自然与尊重人性形成了独具风格的自然领导力。员工自发形成的家庭式细胞单元组织,使得酷特智能既避免了"大伪"的出现,也避免了科层制中欲治理人却苦于无果的尴尬局面。如今,酷特智能无须领导治理,逐渐形成了以"人人自治"为目标的"自循环、自修复、自进化"的"大道"局面。

酷特智能创建C2M商业生态系统的思维与《道德经》中的生态系统观点不谋而合。《道德经》认为人类社会是一个生态系统,该生态系统同样处于道之整体的范畴内,因此有了"道统论"。酷特智能实行大道、践行天道与维护人道,通达"大道废,有仁义;智慧出,有大伪"之意。大道可为天道,即浩瀚宇宙的整体性思维。无论是用户与生产商之间,还是供应商与生产商之间,本应不分彼此,浑然一体,此为大道之理。生态系统会从无序自动转变为有序状态,生态系统之秩序井然与和谐快乐为其存在之意义,是为天道公理。酷特智能从东方传统中接续的整体思维为其生态系统的形成奠定了思维基础。

2. 学习西方:"超越拿来主义"的完美演绎

酷特智能不但将中国传统的整体思维运用至极致,还将西方分析思维之精华引入了公司。有些企业在引进西方管理理论时照搬照抄,采用"拿来主义"。酷特智能却没有随波逐流,而是以超前的思维,取其精华、去其糟粕,是互联网背景下的"超越拿来主义"。

所谓拿来主义，总体上包括三层内涵。

- "占有"，即"不管三七二十一，拿来!"这层意思主要强调要有勇气，不要被外界事物吓破了胆，面对稀缺的资源和方法，我们必须要敢于拿来。
- "挑选"，在拿来的基础上进行挑选，根据资源和方法的价值与意义进行挑选，其结果无外乎"使用、存放或毁灭"。
- "创新"，即"新主人自然住新宅子"，在"拿来"和"挑选"之后，应该推陈出新，创造独特之处。

拿来主义在经济短缺时代十分有用，理应成为企业的践行之道，因为其面临的主要矛盾是"有和无"。但如今供给侧结构性改革势在必行，新旧动能转换亟须推进，酷特智能面临的主要矛盾是"有和优"，因此，关注客户的需求和意愿，选择最优的解决方案为其生存之道。

与拿来主义的逻辑完全相反，超越拿来主义主张"先挑选""后占有"和"最后创新"，提倡能不自己做的就不自己做，学所有人、所有企业的优点，为我所用。正所谓"天下难事必作于易，天下大事必作于细"，当面对困难时，需要转换思维从简单入手，处理大事也要从细微之处开始。在新旧动能转换的关键时期，数据作为长久以来最容易被忽视的资源正逐步发挥其重要作用。面对浩瀚如海的数据，酷特智能不能仅是"拿来"，如何对有价值、有意义和有用的数据进行处理、分析及利用是迈向新动能转换的重要一步。超越拿来主义时刻提醒酷特智能，如果再像之前那样"拿来"，则有可能"捡了芝麻丢了西瓜"。因此，酷特智能采用了"先选择、后占有"的策略，最后结合自身的特点将引进的国外先进管理思想与技术进行完善、落地和创新。

酷特智能将西方分析思维动态有机地纳入企业发展中，是为工具理性。工具理性强调做事重规矩、有板有眼，这衍生于西方人较重视逻辑的推理，习惯进行量化分析，重个别而轻整体，重局部而轻系统，重抽象而轻形象，重精细而轻混沌。酷特智能在发挥东方传统的整体思维优势之后，又融合西方的分析思维，构建出了企业发展中尊重人性和敬畏自然的整体蓝图。在家庭式细胞单元组织管理和去科层制等做法上，酷特智能完全尊重员工的个人意愿，在工序操作上将西方的分析思维纳入生产当中，精准定位每位员工所在的作业单元。借鉴西方分析问题的方法，酷特智能可以做到第一时间发现问题并且准确找到问题症结之所在，以最优方案解决问题。

酷特智能受东方整体思维和西方分析思维的影响，清晰地认识到"利"的重要性。在酷特智能，利已经超脱了企业之利的狭隘范畴，是容纳各个层面的"大利"。酷特智能"拿来"了东方思想中"上善若水"的智慧和西方思想中的"重利"，将狭隘局限的企业之利扩展到了员工之利、企业之利、社会之利、国家之利和世界之利，乃至于人类未来之利。酷特智能秉承"利""义"之道，使得矛盾双方可以相互转化，实现了二者间的动态平衡和相互促进，正所谓"义利合一，德得相通"。

西方思想多讲求"坦率"，酷特智能将其引入"问题解决程序"中，采取一系列措施鼓励员工坦率地反映问题。在酷特智能自创的家庭式细胞单元组织体系内，员工及其团队可以自行解决问题，但当遇到较为复杂且无法在家庭式细胞单元组织内部解决的问题，员工一旦提出，企业便会自动发起强组织为其解决。凡是提出有价值问题的员工，都会得到相应奖励。酷特智能鼓励员工大胆提出问题并参与解决问题的做法十分可贵。

酷特智能中西合璧之式盘

酷特智能的治理之道东西合璧，思维互补。酷特智能之所以在操作层面将公司治理得井井有条，重点在于将东西方思维方式、先进科技与治理理念等成功融合，正所谓中西合璧。酷特智能在将东西方思维融合的过程中，立足于传统东方整体思维，将西方分析思维融于其中，如图8-3所示。

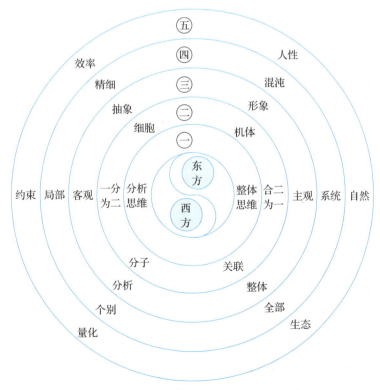

图 8-3　酷特智能治理之道——中西合璧示意图

图 8-3 阐释了酷特智能将东方思维与西方思维融合与交互，以东方思维和西方思维为圆心逐步向外延展。第一圈的表现形式为整体思维与分析思维的融合与交互；第二圈的表现形式为一分为二与合二为一、细胞与机体、分析与关联的融合与交互；第三圈的表现形式为形象与抽象、主观与客观、整体与分析的融合与交互。以此类推，到第五圈形成了自然与约束、效率与人性、生态与量化的治理体系。这个治理体系在酷特智能的日常实践中可以体现出来。酷特智能去科层、去部门、去领导化、去审批和去岗位既是合二为一的过程，也是一分为二的过程；既是关注有机整体的过程，也是重视细胞的过程；既重视联系，又不忽视个性。酷特智能拥有了传统思维中的生态系统理念，加入西方思维中的局部精细的意识，将局部有机融入系统之中。酷特智能通过中国传统整体思维形成自然领导力，使员工达到"自激励""自进化""自净化""自循环"，最终求得"人人自治"，打破部门边界、上下级边界以及企业边界，进而通过西方经典分析思维将先进技术应用到公司业务与管理中，使得工序实时定位到人，真正做到了中西合璧。

系统衍生的行为模式

传统行业发展的痛点

满足用户需求的本质是资源从所有者到使用者之间的转移，其关键在于两者的连接。平台是互联网时代连接范畴广、连接能力强和连接效率高的方式方法。搭建平台的目的不仅是为了连接，还为谋求企业之间、员工与企业之间的命运共同体，实现"有福同享、有难同当"的资源共享、价值共创和艰难共克。平台可以通过连接两个或更多群体，为它们提供互动机制，满足所有群体的需求，充分实现资源整合及价值最大化。同时，平台也可以整合各类优秀的解决方案、智慧及创意，为平台用户提供前沿科技信息及创新解决方案，吸引全球资源和用户的参与，形成自驱动的创新生态系统，持续产出创新成果，推动生态系统内良好的自循环。但许多传统行业在发展过程中忽视了平台的这种功能，导致供应链链条过长、过于强调标准化以及业务单一等问题；同时，行业整体过于强调标准化而难以满足用户的个性化需求，供应链上的各个企业往往是"独善其身，各自为政"。具体而言，传统行业在发展中主要面临三大痛点：

第一，价值链过长。传统行业的价值链是一环扣一环，有着明显的上下游结构，企业从采购、研发、生产、销售、市场、物流到售后等多个环节，集中精力选择其中之一进行专业化生产，上游做完之后再传导到下游，是明显的串行作业，整体效率低下。无论是产品信息向下传递给用户，还是采购信息向上传递给供应商，都要经过层层过滤。比如，服装零售行业有一层层的渠道商、零售商防范其他渠道直接接触用户；价值链过长，导致对市场反应速度变慢，往往很难及时追踪用户需求；此外，价值链过长，导致沟通复杂，难以精准识别消费者需求。任何一个环节稍有滞后或者停顿，都会影响整个价值链上下游从业者。

第二，过于强调标准化，缺乏个性。标准化、大规模生产以及流水线是20世纪商业社会发展的标志，显示人类社会从手工业时代进入了机器大生产时代。大多数企业所积累的能力都是为了实现标准化大规模生产。这一模式虽然具有快速、低成本的优点，但很难为用户进行定制和个性化生产。此外，大规模生产方式大多采用自动化的设备、标准化的工序，工作枯燥无味，工人可以随便更换，流动性高。工厂分工细致，大家各司其职，缺乏团队合作精神和工作热情。时至今日，用户变得越来越挑剔，他们想用独一无二的产品彰显个性，表达生活态度，同时还希望以更加低廉的价格获得产品和服务。员工也希望在生产过程中能够发挥所长，开展团队合作。然而，传统行业依然受限于标准化的生产和服务，不能满足用户个性化的需求，也很难满足员工的人性化诉求。

第三，缺乏跨界意识，业务过于单一。各行业之间独立性很强，企业倾向于选择在既有领域深耕，而不愿跨界，但是市场在发生变化，行业与行业之间的交融与互动越来越多，甚至催生出许多新行业，继续扎根于某一业务会使企业缺乏柔性。在互联网时代，数据泛在表征着企业要像榕树一样，能够繁衍出许多"气生根"，从而支撑"树冠"的繁茂。

从传统行业发展面临的三大痛点不难看出，作为制造业企业，通过构建平台实现整个供应链资源的整合、进而提高生产要素效率已迫在眉睫。那么究竟如何搭建平台，搭建平台要干什么呢？

酷特智能的平台战略

酷特智能通过平台实现了转型蜕变，这是一个"智能+工业"的闭环平台⊖，它以满足多元需求为起点，成功实现了生产成本、生产效率与产品质量的有机统一（如图8-4所示）。通过这个平台，酷特智能解决了产业链、标准化和业务单一等问题，对制造业产生了巨大的冲击。

⊖ 阿里研究院. 从连接到赋能："智能"助力中国经济高质量发展［R/OL］.（2019-03-12）［2019-03-13］. http://www.chainnews.com/articles/915361088063.htm.

1. 解决痛点:"智能+工业"大展神威

第一,利用平台商业模式去除低效的环节,通过"去中介化"和"去中间化",让供需双方直接对接,信息自由流动。当用户自主设计的个性化定制需求得到确认后,数据流自动带动技术流、资金流、人才流和物流,自动生成各节点需要的作业指令;供应商按照指令准备并配送原辅料,制造商按照指令完成制作,服务商按照指令完成配送。7个工作日的时间驱动全球资源满足全球用户需求。酷特智能的"智能+工业"模式改变了近百年大规模制造模式造成的"高投入、低产出,高成本、低利润,高投入、高污染",在保证定制生产效率不受影响的同时,进一步压缩成本、降低库存,颠覆了传统的工业生产观,有效平衡了工业化生产与个性化需求的矛盾,开创了新的工业文明。

第二,利用平台商业模式,实现大规模流水线个性化定制。当用户在手机上自助设计完成后,智能系统会自动完成研发、设计、排程、调度、工艺匹配和BOM组合等作业指令,把个性化的信息转换成电脑可以识别的标准化代码,在作业端再转换成员工可以识别的作业指导书。基于与数据传感器的交互,员工刷卡便可以从网络云端获取需要作业的指令。所有员工不是在岗工作,而是在线工作,每一工序和环节都可在线实时监控。酷特智能通过全程数据驱动,使传统生产线与信息化深度融合,实现了以流水线的生产手段、效率和成本制造个性化定制产品,通过数据驱动的方式解决了流水线中"效率"与"柔性"的悖论。

第三,利用企业转型升级改造的服务平台实现服务化转型。酷特智能成立了八个科研中心,分别从互联网络、高效协同、数字游戏、盈利模式、轻松执行、工厂直销、数据驱动和价值链整合八个方向协同研发。经过数年的努力，酷特智能通过专业团队开发出一套完全拥有自主知识产权的"互联网+产业"升级改造全价值链整体解决方案。通过构建企业转型升级改造的服务平台，酷特智能帮助客户企业从顶层设计、数据驱动、智能制造、治理平台建设等方面实现升级改造，目前已跨界服务了多个行业百余家企业。酷特智能也成功实现了自身的跨界发展，从提供产品到提供解决方案，从大规模制造到大规模定制，从制造企业转型为服务型制造业，从M2C模式转型为C2M模式，从传统的服装企业转型为平台生态企业。

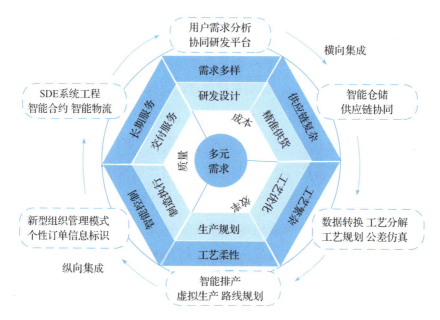

图8-4 酷特智能"智能+工业"闭环平台

资料来源：根据阿里研究院《从连接到赋能："智能"助力中国经济高质量发展》研究报告改编。

2. 行业颠覆：去中间化、去中心化与去边界化

陈威如说，平台战略的实施将颠覆传统的商业格局，具体表现为去中间化、去边界化和去中心化。㊀智能制造时代，制造业是国民经济的基础，未来谁掌握了制造业，谁就掌握了发展的主动权。酷特智能模式的成功充分说明了平台型智能制造对制造业的三个颠覆。

- 酷特智能直面客户，以客户需求驱动整个生产运营环节，由原来的"先做后卖"转变为"先卖后做"，去掉经销商和代理商，此为"去中间化"，实现了由原先的大规模制造到大规模定制的转型。
- 对内，酷特智能的发展由人治、他治上升为员工自治，充分授权员工；对外，酷特智能通过开发转型服务平台，让无数中小企业享受转型福利，实现业务的重组和发展，产生百家争鸣、百花齐放的效果，此为"去中心化"。
- 酷特智能已经由一个单纯的服装制造商转变成生产服务商和问题解决方案提供商。酷特智能服务的转型企业涉及范围广、数目多，其理念与方案将在各行各业渗透，此为"去边界化"。

在酷特智能平台上汇集了数量众多的群体，它们有来自国内外的用户，也有设备和面料等生产供应商，还有各种服务商，本书把它们统称为"平台的边"。在传统的垂直模式下，一个企业的生产、销售能力再优秀，也只能提供有限的产品，但是在平台模式下，其生产、销售

㊀ 陈威如，等. 平台战略：正在席卷全球的商业模式革命 [M]. 北京：中信出版社，2013.

和供给能力是由平台的"边"即所有参与者决定的,因而蕴藏着巨大的潜力。在酷特智能平台上,人人都是设计师,客户可以自主设计服装的面料、颜色和花纹等,充分发挥了需求端的创造力。通过这种开放式创新,酷特智能平台迅速汇聚创意,有效整合资源,减少了大量的设计费用,而且不愁生产出来的服装找不着买家,有效杜绝了创新成果转化率低的问题。随着平台规模变大,参与者也越来越多,且能持续高效地满足用户的个性化需求,因此形成了良性循环机制。

做平台是很多企业的梦想,甚至被看作是企业做强做大的象征,主要原因在于平台位于产业链的高端位置,能够在市场竞争中占据优势,收益丰厚,更为重要的是主动权大,其一举一动往往可以影响上下游相关企业,大有"牵一发而动全身"之势。另外,平台商业模式本身是一种多方共赢、和谐共生的商业模式,是一种可持续发展的商业形态,平台越大,受惠的商家也就越多,平台企业从中获利也就越多。

实施平台战略可以为企业带来很多好处,但平台战略不是轻易能够实现的。首先,选择平台战略的企业需要有能力积累巨量的用户,这是一个非常大的挑战;企业提供的产品必须具有足够好的质量,且能够充分满足用户的强烈需求。酷特智能历经十几年发展,积累了大量用户数据和工程数据,采用流水线定制实现大规模个性化生产,因此吸引了众多忠诚用户和潜在用户。其次,选择平台战略的企业需要给用户提供具有足够黏性的服务。平台型企业仅仅做产品是远远不够的,还必须对外提供服务,成为服务型企业。酷特智能通过提供转型升级解决方案,帮助其他企业转型升级,提高满足用户需求的能力,共同打造共赢共生的平台生态圈。最后,选择平台战略的企业需要有合作共赢、共同成长的发展理念，要展现出一种平台气质。只有平台上的用户良性成长，用户数目足够多，让合作伙伴有充足的利润空间，实现网络效应，才能做成真正的平台。企业要有一种"海纳百川"的胸怀，要摆脱只专心服务单边使用者的传统思维。酷特智能帮助众多企业摆脱了发展困境，利己利人，真正践行了平台价值。

如前所述，未来商业世界的竞争是平台之间的竞争。平台的优势主要体现在：

- 包容性。平台连接着诸多供应商、服务商和用户。任何有优势的企业、团体和个体都可以参与进来，都可以在平台上发挥特长，且平台进入门槛低。
- 互惠性。平台上所有参与者都互为利益相关者，由于平台能够实现服务和产品的多样性，对参与供需的双方群体都有循环促进作用，用户的规模增长将影响别的群体使用该平台所得到的效用，所以提供产品或服务的"边"越多，享受产品或服务的"边"也会更多，反之亦然。
- 整合性。平台最大的优势在于实现资源整合，能够让最优质的资源流动到最需要它的地方，有效地避免了供需不匹配、资源闲置和资源冗余浪费等现象。

当今世界万物互联，日新月异。每一天都会有无数企业加入平台，共同进化，共同分享平台创新的丰硕成果。未来平台之间的竞争将会更激烈，也许在不远的将来，我们就会迎来一个处处平台、时时平台的商业时代。

数据治理：酷特智能管理演化新物种的实践

商业生态系统的形成

生态系统的商业解释

拓展业务范畴和维度，提高抗风险能力、竞争能力并谋求健康可持续发展是诸多企业共同的诉求。基于这样的诉求，现代企业在平台基础上探索并发展出了"商业生态"的概念：不断完善企业的业务范畴和维度，使得企业内外部业务像生态一样，能够相互补充、相互竞争、共生共利和迭代进化。然而，不同于平台的是，商业生态不仅为企业的内外部业务提供了场所，实现了平台的功能，而且具备"自循环、自修复、自进化"等功能，成为一个优胜劣汰、生生不息、可持续的健康系统。

对于商业生态，张代理有自己独到的见解："什么是生态？在生态圈内的企业，能力强的多赚钱，能力差的少赚钱，但赔钱的不应该有——赔钱的企业由于无以为继，不能为生态圈的生生不息做出贡献，早晚都得出局：这就是生态。"正是基于这样的认识和理解，酷特智能的生态建设一直秉承共享共赢的理念，利他而利己，同生息共荣辱。不同于常规企业生态的是，酷特智能的生态是一种产业治理生态，而非消费管理生态。众所周知，现在的消费互联网平台都是依靠前端消费拉动的管理生态，一部分依靠数据维护，一部分依靠管理维护，这种生态呈现机械性生长的特点，而酷特智能的生态建设具备生物性的生长特征。举个例子，机械性生态就好比是挑水，当人们没水喝时才会去挑水，以满足喝水的需求。当下一次再想喝水时，由于之前已经把挑的水喝完了，必须再去挑水，如此循环往复。而生物性生态则不同，它能持续地生长。还拿挑水为例，生物性生态好比是挖井，不再是简单的挑水，它能源源不断地产出新的、丰富的水资源以满足人们喝水的需求。在酷特智能，企业内部的家庭式细胞单元组织确保了员工能够源源不断地产生新的设计思路、新的问题解决方案和新的创意；企业外部的 C2M 商业模式能够源源不断地获取用户数据，源源不断地为供应商、生产商和服务商提供新的、优质的和具有创意的服务：这就是酷特智能的商业生态。

酷特智能 C2M 商业模式的愿景是建设一个全球化的、多品类的、企业级的、跨境电商的、工厂直销的生态系统，而支撑这些独立子生态之间强弱耦合关系的正是酷特智能强大的数据资源和数据技术。

商业生态的共生逻辑

工业时代向数字时代转变中，商业生态由竞争逻辑向共生逻辑转换，这在一定程度上得益于企业边界的突破。世间本无界，人们却总是热衷于设定各式各样的条条框框。应该看到，人类文明的发展使区域的边界划分出现了新的形式：原来以地理边界区分的板块，例如七大洲、四大洋，以及国与国之间的界限，现在多了以基础设施构建起来的板块，例如依托中国"一带一路"倡议构建起来的区域，以及互联网构建起来的网络世界。基础设施的改变，尤其是互联网的延伸，使我们的世界正在被重塑。今天的人类文明正在酝酿一个没有边界的世界，我们打破了行业间的隔阂，跨界合作已经成为常态；我们还打破了空间的隔阂，飞驰的高铁、翱翔的超音速飞机等交通技术正在瓦解我们的空间距离感；我们还在打通时间的隔阂，试图与过去和未来对话。这一切都远远未能满足人类的探索欲，人类渴望连接更宽广、更遥远的时空。人类

数据治理：酷特智能管理演化新物种的实践

讨厌孤岛的存在，热衷于发现新大陆，也愿意为此支付巨额的成本，每一个新的发现都会获得公众的掌声与赞扬、财富与荣誉……过去的远洋船队，现在的万米级潜水器、纳米级显微镜，乃至航空航天器、射电望远镜，都在帮我们打破所有的隔阂，抹平所有的边界，我们要连接一切。

酷特智能也在做同样的事：一方面，消除供应商、生产商和销售商之间的边界，消除供给端与客户之间的边界；另一方面，消除企业内部部门和层级等垂直边界。酷特智能实现了信息在整个需求—服务链条上的高速无障碍流动，这创造的不仅仅是高利润和零库存，而且践行了人性对连接的渴望，对去除边界束缚的渴望。

去除了边界，万事万物便落到了同一生态系统之中，这意味着互联互通、多赢共生。酷特智能的商业生态强调共生。首先，酷特智能商业生态中的组织与用户共同创造价值，组成命运共同体。在这个过程中，组织与用户都具有充分的独立性和自主性，同时在组织之间、组织与用户之间基于协同合作共享信息和资源，通过共同激活、共同促进、共同优化获得组织与用户任何一方都无法单独实现的高水平发展。㊀过去价值创造的源泉是企业内部，价值创造的过程是对价值链的掌控，从原材料、产品设计到产品的生产运营等，是企业为用户创造价值，而现在酷特智能的共生组织是不同的企业一起为用户创造价值。其次，酷特智能拒绝零和博弈，倡导多赢共生。酷特智能提出更大的利益应该由更多人共享的生态理念，倡导合作企业之间的资源共通、价值共创与利润共享，实现了合作整体的多利性。最后，酷特智能强调再生性，可以不断

㊀ 摘自微信公众号"春暖花开"。

地创造新的价值。酷特智能的商业生态具备了两个条件：一是能力，二是利润。把具备不同能力的参与主体组合在一起，能够实现每个单体都实现不了的价值，且这种价值实现大于每个单体加起来的总值，这样大家有共同的利益维护生态，让生态变得更加稳定。

构建数据商业生态系统

英国生态学家坦斯利于 1935 年提出生态系统的概念，指在各种生物物种、群落与无机环境之间通过能量的传输而形成的一个整体系统。这个整体系统与人类自身拥有的生命系统极其类似，都可以自行运转，且保持有机的、互相促进的、自我生长的特性。随着生态系统这一概念向社会组织的演进，著名经济学家穆尔提出了"商业生态系统"的概念，用来指代组织与个人组成的经济联合体。这个经济联合体由各种各样的商业元素与复杂商业环境构成，在既定规则下运行、演化与蜕变。其中既包含了供应商、生产商、销售商、市场中介和投资商等以生产商品和提供服务为中心组成的经济实体，也包含了政府和行业协会等其他非营利性质的实体，当然还包含了一定数量的客户。它们在一个商业生态系统中承担着不同的功能，各司其职，形成互赖、互依、共生的生态系统。这一商业生态系统虽有不同的利益驱动，但身在其中的组织和个人互利共存，资源共享，注重社会、经济、环境的综合效益，共同维持系统的延续和发展。

酷特智能商业生态系统的形成有赖于数据资源所形成的闭环优势。十多年前，酷特智能就开始了自己的数据库系统建设。为了更好地采集客户的数据，酷特智能开发了"三点一线量体法"，通过将测量数据与数据库相连，一组量体数据便可以满足所有制作对数据的要求。这种方法有效地统一了客户的量体标准，为客户数据采集奠定了标准化的基础。多年以来，酷特智能一直在优化数据的积累和应用，借助服装定制服务累积了海量的客户数据，包括客户的体征数据、需求偏好数据、不同产品在不同地区的受欢迎程度差异数据等。基于数据平台生态发展的企业愿景驱动，酷特智能成功搭建了自己的数据云平台——酷特智能云。伴随着业务的持续增长，参与酷特智能服装定制的用户日益增多，酷特智能云平台中沉淀的数据量也呈现出指数级增长。

基于庞大的数据采集、存储和挖掘能力，沉淀在酷特智能云中的数据资源通过跨界应用很好地推动了酷特智能平台商业生态的发展，基本形成了基于数据资源的商业生态系统。

对世界文明进步的一点启示

非洲卡拉哈里沙漠有一个部落族群——布希族。对布希族来说，有两种饥饿的人，Little Hunger 是一般肚子饿的人，Great Hunger 是为了生活意义即因精神食粮匮乏而感到饥饿的人。Great Hunger 经常思考"我们为什么活着，人生有何意义"，并终日探求这些问题，布希族认为这样的人才是真正饥饿的人。

企业作为组织成员整体协作活动的产物，代表着组织群体的意志。社会的进步总是离不开少数有情怀、有梦想的企业的努力。今天的酷特智能属于企业群体中的 Great Hunger，利润已经不再是其终极追求，它以"帮助别人、成就别人、发展自己"的价值观，把十多年探索实践的经验和成果分享给更多的企业，回报社会，希望能为社会文明进步贡献自身的力量。在酷特智能张代理董事长的感召下，"成为有益于社会文明进步的百年企业"已经成为全体酷特智能人的共同愿景，这种愿景在酷特智能内部形成了积极良性的共振，引领酷特智能在治理文明的进程中不断探索、不断创新、不断进化！同时，酷特智能的治理方案通过对外推广，带动了跨国界、跨产业、跨行业企业的治理能力提升。酷特智能治理理念推广的目的是实现"点—线—面—体"的共振，是星星之火旨在燎原。在整个治理体系的演化过程中，酷特智能始终坚持对人性的回归和对自然规律的遵从。酷特智能的梦想，不止在讲述一个企业的经营和发展之梦，它为世界做出的表率也不限于经营理念、科技手段和组织方式的创新，更是桥接人性的工程、联结梦想的工程。酷特智能的平台治理体系倡导由内而外的主观能动性，是对传统生产力与生产关系的重塑，是对传统竞争态势的零和博弈观念的颠覆和走向多赢共生的价值普惠。

群体智慧和群体智能等组织协作的新方式、新理念正逐步取得发展，也正逐步颠覆和瓦解那些曾经塑造了时代辉煌的传统案例、标杆、理论和模式。互联网时代为企业经营带来的实时、高效、透明、绿色和简约的普惠价值，使得潜藏在用户和员工个体中的个性、自由和自我价值等内在元力悄然觉醒。只有释放人性的光辉，重新塑造新时代企业经营的治理体系，才能保持企业的可持续健康发展。

大漠孤烟，长河落日，那些被岁月洗涤而裸露在夕阳下的层层岩土昭示着文明过程的厚重，那薄如蝉翼的土层说不定就是大自然几百万年的功力！相较于这个漫长而沉寂的宇宙，人类何尝不似朝露，又几异于

数据治理：酷特智能管理演化新物种的实践

春蝉。生于这个时代，我们都在顺理成章地享受着人类祖先创造的文明福祉，也在顺理成章地接受大自然给予我们的恩惠。但是，生而为人，又岂能仅仅着眼于自己生命长度中的微利薄义，继承与创新才是人类在这个星球得以生生不息的根本所在。

谈及酷特智能转型之路的未来，张代理说道："很感激自己生在这个伟大的年代，当然，也应该尽力去为这个时代做些什么！……不光是我，大家都应该尽力为人类文明的进步做点什么！酷特智能的治理体系是十年如一日的结晶，我们把这套治理体系奉献给社会，帮助别人，成就别人，发展自己，因为是改革开放这个时代成就了我们。我们这个企业在不断的创新和变革过程中取得了很好的成绩，我们想把这个成绩认真总结成一个模板，搭建一个平台，为更多的企业赋能，实实在在用我们的案例来帮助更多的企业，为供给侧结构改革、转型升级、新旧动能转换做出我们企业应有的贡献，为中国梦落地贡献我们的价值。"

从《大国重器》智造先锋到《辉煌中国》创新活力，从《新闻联播》深度跟踪报道到亮相"砥砺奋进的五年"大型成就展，国家和人民给予酷特智能的鼓励与鞭策愈加催生酷特智能人的民族使命感。被授予"中国管理模式创新奖"的酷特智能治理体系，用实践数据解读了"治理"的特别价值及全新能量，它是管理进化的新起点，充分诠释了赋能世界的中国智慧！酷特智能现在又有了一个新的品牌——酷特云蓝。张代理期冀十多年探索实践的治理体系能够永葆活力。他说自己代表"酷特"，女儿张蕴蓝代表"云蓝"，希望"酷特云蓝"品牌能够在持续的继承和发展中，为人类文明和社会进步贡献一点自己的力量！

后　记

第九稿终于编撰完毕，其间还有对不完整稿件的若干次修改。我以为，这也应该是"不忘初心，牢记使命"的落地。《数据治理》的写作对我最大的启示是"读者写书"，从读者视角出发完成书稿的创意策划、框架设计、数据分析、精心写作和逐字修改，这就是不忘初心，这就是牢记使命，这是我和我的团队的长期主义，定当坚守。

这本书的完成是过程的积累，正如人之所以为人恰恰在于过程，今天却过于看重结果了。从2015年开始一直到今天，我至少九次到酷特智能公司参观、访问和调研，其中两次访谈董事长张代理先生，十余次访谈系统工程总经理李金柱先生，多次访问公司包括量体裁衣人员在内的相关工作人员，在此不一一列举。应该说，这部书稿的完成首先要感谢他们，因为他们是这本书的第一批读者，正是他们帮助本书从过于注重理论走向思想、理论和实践的并重。尤其要感谢李金柱先生和宋燕女士，他们两位为了此书一直与我们并肩奋斗，一直传递着第一批读者的真挚心声，一直孜孜不倦地提出中肯的修改意见，还直接到东北大学我的"全球易简萃升书院"和"全球制造业企业研究院"参与修订和完善这样的琐碎工作。写作时而零碎、时而聚焦,我一直希望有大块的时间坐在那里思与写,事实上不可能,我们只得学会将零碎攒成整体。为此,我们炼就了"数据治理"企业和大学学术共同体,《数据治理》仅仅是开始。张代理先生坚持用治理取代管理,而且坚定地认为企业的问题主要是管理过多造成的;李金柱先生已经开始跟我约第二部新作了。我想,只有"官、产、学、研、用"五维学术共同体的建设才可能为天下的读者写好书。

这本书的完成是团队智慧的结晶。感谢我的科研团队,将近五年的时间,科研团队的成员来来去去、川流不息,这其中戴元永、张大鹏、张浩、钱雨、张媛、张明超、苏钟海、张庆强、何建笃、张纯宁、王婧婧、赵爽、胡梦琴、赵慧君、陆金瑶、李帅、聂文婷、赵静等二十多位博士生和硕士生先后到酷特智能公司参观学习和调研访谈,他们中的很多人已经走上工作岗位并正在干一番事业。尤其要感谢苏钟海(第1章、第7章)、张浩(第8章)、钱雨(第5章、第6章)、张媛(第2章)、张明超(第4章)、何建笃(第5章)、张庆强(第3章)七位同学,他们对本书付出了巨大的努力并直接参与了相关章节的写作。我清晰地记得第一次去酷特智能公司是与戴元永一起去的,他现在已经是"万人计划"科技创业领军人才、东北大学客座教授、教育部全国万名优秀创新创业导师、教授级高级工程师,他的成长是最快的。当然,走进酷特智能公司的科研团队成员大多数还在攻读硕士和博士学位。科研团队成员都知道,我的要求是最严格的,他们也是非常努力的。正因为如此,

后 记

围绕酷特智能公司，我和科研团队已经先后在《管理世界》（大数据驱动企业供应链敏捷性的实现机理研究）、《管理科学》（数据赋能驱动制造业企业实现敏捷制造案例研究）、《管理学报》（供应链双元性视角下数据驱动大规模智能定制实现机理的案例研究）和《研究与发展管理》（数据赋能研究现状及未来展望）等高水平期刊发表多篇与酷特智能有关的案例研究学术文章。这本书也是成果之一。"不忘初心"是学人的基本使命，我们长期追踪一家典型企业，用学术界的武器实现企业的需求，我想，理论界只有与实践界紧密结合起来，才会有共生的、共享的、共存的未来。

这本书的完成是多方协同的结果。它的面世必须感谢机械工业出版社华章分社的吴亚军先生，我跟华章的长期合作是从吴亚军开始的，个人已经先后在华章出版了《管理哲学》和《项目管理》等多本著作和教材。我记得第二次到酷特智能公司调研的时候，就开始与亚军讨论《数据治理》的雏形，实际上那时候我们还没有发表一篇相关文章，仅仅有一些粗浅的想法。吴亚军对这本书很是看重，他不但亲自指导编辑修改书稿，而且从读者角度帮助我们提出具体的修改意见，甚至是章节的谋篇布局。正是在他的严格督导和严谨要求下，这本书才得以几易其稿、面见世人。感谢亚军和华章分社的各位老师。完成这本书还得感谢沈阳机床股份有限公司的董凌云先生，他早在 2015 年年底经由我的介绍就调研了酷特智能，写完了"七弹"的博客文章并发表在他的"云说管控"上，我后来在"易简萃升书院"微信公众号上做了转载，曾给予本书相当多的启发和帮助。目前，他仍然奋斗在世界机床领域一线，虽然很困难，但是曙光就在前头了。这本书的完成当然还得感谢我的家人们，家人永远是默默支持的最深港湾！

完成这本书是东西方哲学交融的胜利。这本书得以完成一定要感谢哲学和管理哲学，在此，我想谈谈对哲学的一点粗浅认识。

大家可能知道，木田元在《反哲学》一书中详细介绍了日本最早研究西方哲学的思想家西周当年将 Philosophy 翻译为"哲学"的过程，西周一开始借助周敦颐《通书》中的"士希贤"一说，将 Philosophy 翻译为"希哲学"。据木田元所说，不知何故，西周从荷兰回到日本后，在《百一新论》中将"希哲学"改为"哲学"，从此以后，苏格拉底学说中最重要的"爱"的部分消失了！木田元认为"哲学"最重要的部分就这样被彻底遗忘了。因此，木田元将西方的哲学界定为"制作的存在论"和"不自然的思考方式"也就不足为奇了。我深以为然，我认为木田元从如如不动的根底讲了东西方的主要区别，这一点恰恰是当前我们需要反思的初心，从初心出发才不怕路远。

缺了爱的西方哲学还是哲学吗？或者说是不是早已经蜕变为一种脱离了实践的思考？难怪霍金接着尼采敢于喊出"哲学已死"。酷特智能董事长张代理先生及其公司独创的源点论治理体系，基于西方传统哲学和科学治理之术，同时融入中国传统文化中大爱无疆的基本元素，应能承担与"技术天下"和"金融天下"相协和的局面，这种治理体系是"善感恩、爱奉献、真奋斗"，这就是当下时代和未来世界的哲学之美！亚里士多德的"真善美"怎么能缺了中国传统文化的"爱"？这就是"爱真善美"，这才是费孝通先生的"各美其美，美人之美，美美与共，

后 记

天下大同"。从短期来看，西方在技术资本和金融资本领域是较强的；长期而言，中国在文化资本和治理资本领域是更强的。未来的世界，一定是有机融合东西方两者之后的新世界。这个世界是整体治理的世界，治理整体论的时代到来了，治理者即是治理的一部分，同时又必须超越治理，这就是整体治理。不站在这样的位置思考，是无法放眼整体进行思考的。

写作本书的序言和后记的时候，正值党的十九届四中全会胜利召开，本次会议的主要议题是国家治理体系和治理能力现代化。本书恰巧也是研究治理哲学的，而且是从源点论出发研究治理哲学，这正是"不忘初心，牢记使命"！我想，我们注定必须感恩这个由中国引领的伟大时代，我们愿意为这个仍然充满了不确定性的世界奉献一切力量，我们一直在建设人类命运共同体的道路上持续奋斗，这就是中国倡导的真、善、美和爱的力量，这种力量须从初心出发，在我就是从读者出发。

当我们人类的心愿大到世界和宇宙级别时，它必将产生无量的能量，这种心愿的能量就是爱的爆发，宇宙是爱的结晶。当爱来临时，一切都需要重新定义，酷特智能源点论数据治理真的定义了一个来自中国的属于世界的治理故事。

本书的出版还要感谢国家自然科学基金面上项目"互联网效应下基于众包模式的协同激励机制研究"（71672029）和国家社会科学基金重大项目"信息网络技术驱动中国制造业转型战略、路径和支撑体系研究"（16ZDA013）以及"智能工业数据解析与优化"111引智基地

（B16009）的支持。

  本书提出了很多还在生成中的新概念和理念，这些概念和理念未必完全符合您的思想和理论，我们愿与您共同探讨，欢迎您直接联系李金柱（微信号：ljz3778_2）和孙新波（微信号：yjcssy；邮箱：xbsun@mail.neu.edu.cn）。对于您的不吝指教，我们将铭记于心。

孙新波
2020 年 3 月 8 日